中國個人所得稅新法
實用手冊

楊柳 編著

財經錢線

前言

一、本書的宗旨

中國新的個人所得稅法從2019年1月1日起正式全面實施,這樣一個和每個納稅人都息息相關的稅法值得全中國社會關注。但新稅制的複雜和相關政策的繁多,常常讓很多非專業人士不得其門而入。本書力求以通俗易懂的文字和大量生動形象的案例對新的個人所得稅法進行深入淺出的講解,讓沒有財務和個人所得稅知識的人都能讀懂,並在短時間內迅速掌握新的個人所得稅法的要點和一般個人所得稅實務計算,弄懂子女教育、贍養老人等六個專項附加扣除如何填寫、申報等實際操作問題。

二、如何閱讀本書

本書共分六章,每個人都可根據自己的需

求進行選擇性閱讀。

如果你想要瞭解新的個人所得稅法的立法原則和所得項目的判定，以及日常的工資薪金和勞務報酬在個人所得稅上如何區分，請閱讀第一章「個人所得稅新法及實施條例解析」；

如果 你想要瞭解子女教育、繼續教育、贍養老人等專項附加扣除怎麼填寫、怎麼扣除、怎麼申報等一系列問題，請閱讀第二章「個人所得稅專項附加扣除」；

如果你不知道自己購買的商業健康保險是否屬於個人所得稅法規定的稅前扣除險種，請閱讀第三章「個人所得稅其他扣除」；

如果你不知道工資薪金、勞務報酬、稿酬所得、特許權使用費這四項綜合所得在新稅制下預扣預繳和年度匯算清繳的計算方法以及保險代理人所得、全年一次性獎金等特殊情形如何計算，請閱讀第四章「個人所得稅款計算」；

如果你不清楚扣繳義務人平時已經預繳或者扣繳了的稅款，自己未來是否還需要自行申報以及家裡的房屋出租沒有繳稅，是否需要自

行申報，請閱讀第五章「個人所得稅扣繳申報和自行申報」；

如果你在日常生活中遇到的一些個人所得稅常見問題，例如單位發放的烤火費、降溫費是否徵稅，微信紅包、網絡紅包是否需要繳稅等問題一直沒有找到答案，請閱讀第六章「個人所得稅常見熱點問題」。

多年從事個人所得稅相關工作，讓我有機會參與到本次個人所得稅改革中，我也希望通過這本書能更好地宣傳和普及個人所得稅新法。就像本杰明·富蘭克林說過的，「人生有兩件事你無法避免——一是死亡一是稅收」，新個人所得稅制的順利運行需要我們全社會每一個人的參與和努力。最後，真誠地希望此書能幫助你更輕鬆、快捷地熟悉和掌握新政策。新法路上，你我同行！

楊　柳

目錄

第一章 個人所得稅新法及實施條例解析 …………… 1

第一節 個人所得稅納稅義務人的定義和稅收管轄權的範圍 …………………… 3

第二節 個人所得稅的徵稅對象和各項目的判定原則 …………………………… 7

第三節 個人所得稅各項目的稅率 ………………… 19

第四節 哪些所得可以免徵個人所得稅 …………… 22

第五節 減徵情形 …………………………………… 25

第六節 應納稅所得額的計算 ……………………… 26

第七節 境外收入的稅款抵免 ……………………… 33

第八節 新增的個人反避稅條款 …………………… 35

第九節 扣繳義務人和納稅人識別號 ……………… 37

第十節 自行申報的情形 …………………………… 39

第十一節 個人所得稅的扣繳和專項附加扣除的報送 ……………………………………… 41

第十二節　部門配合的綜合治稅 …………… 45

第十三節　幣種、手續費和儲蓄存款利息所得
　　　　　…………………………………… 47

第十四節　法律責任、徵收管理、實施時間等其他
　　　　　內容 ……………………………… 49

第二章　個人所得稅專項附加扣除 …………… 54

第一節　總體介紹 …………………………… 55

第二節　六個專項附加扣除詳解 …………… 59

　一、子女教育 ……………………………… 59

　二、繼續教育 ……………………………… 67

　三、大病醫療 ……………………………… 73

　四、住房貸款利息 ………………………… 76

　五、住房租金 ……………………………… 82

　六、贍養老人 ……………………………… 88

　七、申報常見問題 ………………………… 96

第三章　個人所得稅其他扣除 ………………… 110

第一節　企業年金、職業年金 ……………… 111

第二節　商業健康保險 ……………………… 115

第三節　個人稅收遞延型商業養老保險 …… 122

第四章　個人所得稅稅款計算 …………… *129*

第一節　工資薪金所得 ……………………… *130*

第二節　勞務報酬所得 ……………………… *137*

第三節　特許權使用費 ……………………… *141*

第四節　稿酬所得 …………………………… *147*

第五節　綜合所得匯算清繳和非居民個人稅款計算 …………………………………… *151*

第六節　經營所得 …………………………… *158*

第七節　利息、股息、紅利所得 …………… *167*

第八節　財產轉讓所得 ……………………… *170*

第九節　財產租賃所得 ……………………… *191*

第十節　偶然所得 …………………………… *197*

第十一節　熱點銜接政策及其稅款計算 ……… *202*

第五章　個人所得稅扣繳申報和自行申報 ……… *224*

第一節　個人所得稅扣繳申報 ……………… *226*

第二節　個人所得稅自行納稅申報 ………… *236*

第六章　個人所得稅常見熱點問題 ……………… *243*

第一節　個人所得稅稅改相關熱點問題 …… *243*

第二節　個人所得稅其他實務問題 ………… *251*

附錄 ………………………………………… *271*

中華人民共和國個人所得稅法 ………………… *271*

中華人民共和國個人所得稅法實施條例 ……… *281*

中華人民共和國稅收徵收管理法 ……………… *292*

財政部 稅務總局關於繼續有效的個人所得稅
優惠政策目錄的公告 ………………………… *317*

第一章
個人所得稅新法及實施條例解析

要點提示：

個人所得稅，顧名思義，是對個人（自然人）取得的各項應稅所得徵收的一種稅。該稅種從1799年在英國創立至今，已經在世界上140多個國家和地區開徵，因為其具有調節收入分配、縮小貧富差距等功能，享有「經濟內在調節器」和「社會減壓閥」的美譽。

中國的個人所得稅從改革開放初期建立，最早主要為涉外稅制，目的是吸引外資、人才以及與國際接軌和維護中國稅收權益。進入21世紀以後，在分類所得稅制的基礎上，個人所得稅進行了6次修正。2018年以來，按照黨中央、國務院決策部署，個人所得稅制開始了第7次也是迄今為止變化最大的一次改革，**按照「建稅制、轉模式、降稅負」的改革思路，建立了綜合與分類相結合的個人所得稅制。**

本次改革力度前所未有，實施難度前所未有，社會

影響前所未有，按照「一次修法、兩步到位」的步驟實施。「一次修法」：2018 年 8 月 31 日，第十三屆全國人民代表大會常務委員會第五次會議表決通過《關於修改〈中華人民共和國個人所得稅法〉的決定》，當日習近平主席簽署第 9 號主席令予以公布。「兩步到位」：從 2018 年 10 月 1 日至 2018 年 12 月 31 日，執行 5,000 元/月基本費用減除標準和新稅率，實施過渡期政策；從 2019 年 1 月 1 日起，全面實施綜合與分類相結合的個人所得稅制。

與此前歷次改革相比，此次稅制改革呈現出全面發力、多點突破、縱深推進的特點，是一次全面的改革、系統的改革，是一次廣度、深度同步推進的改革。改革亮點和變化點頗多，包括建立對居民個人綜合所得按年徵稅的制度、適當提高基本減除費用標準、首次增設專項附加扣除、調整優化稅率結構、增加反避稅條款、建立健全個人所得稅徵收管理制度等方面。其中對居民個人綜合所得按年徵稅的制度，即**將居民個人取得的工資薪金、勞務報酬、稿酬和特許權使用費 4 項勞動性所得並為綜合所得，按納稅年度合併計算個人所得稅。**上述 4 項所得收入占個人所得稅總收入的 70% 以上，改革讓絕大多數納稅人得到了實惠。

本章以《中華人民共和國個人所得稅法》(以下簡稱《個人所得稅法》) 條款為指引，結合相應實施條例進行逐條解析，同時在解析部分增加了「稅改普及小常識」，以便讀者更好地理解新法。

第一章　個人所得稅新法及實施條例解析

第一節　個人所得稅納稅義務人的定義和稅收管轄權的範圍

【稅法條款】

第一條　在中國境內有住所，或者無住所而一個納稅年度內在中國境內居住累計滿一百八十三天的個人，為居民個人。居民個人從中國境內和境外取得的所得，依照本法規定繳納個人所得稅。

在中國境內無住所又不居住，或者無住所而一個納稅年度內在中國境內居住累計不滿一百八十三天的個人，為非居民個人。非居民個人從中國境內取得的所得，依照本法規定繳納個人所得稅。

納稅年度，自公歷一月一日起至十二月三十一日止。

【實施條例】

上述稅法條款對應《中華人民共和國個人所得稅法實施條例》（以下簡稱《實施條例》）第二條至第五條。

第二條　個人所得稅法所稱在中國境內有住所，是指因戶籍、家庭、經濟利益關係而在中國境內習慣性居住；所稱從中國境內和境外取得的所得，分別是指來源

於中國境內的所得和來源於中國境外的所得。

第三條　除國務院財政、稅務主管部門另有規定外，下列所得，不論支付地點是否在中國境內，均為來源於中國境內的所得：

（一）因任職、受雇、履約等在中國境內提供勞務取得的所得；

（二）將財產出租給承租人在中國境內使用而取得的所得；

（三）許可各種特許權在中國境內使用而取得的所得；

（四）轉讓中國境內的不動產等財產或者在中國境內轉讓其他財產取得的所得；

（五）從中國境內企業、事業單位、其他組織以及居民個人取得的利息、股息、紅利所得。

第四條　在中國境內無住所的個人，在中國境內居住累計滿183天的年度連續不滿六年的，經向主管稅務機關備案，其來源於中國境外且由境外單位或者個人支付的所得，免予繳納個人所得稅；在中國境內居住累計滿183天的任一年度中有一次離境超過30天的，其在中國境內居住累計滿183天的年度的連續年限重新起算。

第五條　在中國境內無住所的個人，在一個納稅年度內在中國境內居住累計不超過90天的，其來源於中國境內的所得，由境外雇主支付並且不由該雇主在中國境內的機構、場所負擔的部分，免予繳納個人所得稅。

第一章　個人所得稅新法及實施條例解析

【解析】

(一) 納稅義務人的認定

在認定居民納稅人和非居民納稅人時，通常可以按照住所、時間、意願三個標準來劃分。中國採用的是住所標準和時間標準。新法首次在立法層面明確了居民個人納稅人和非居民個人納稅人的概念，判定標準明確為一個年度內是否在中國境內居住滿 183 天（以下簡稱為「183 天」）。

（1）居民個人納稅人有兩個標準：在中國境內有住所或者無住所而一個納稅年度內在中國境內居住累計滿 183 天的個人。居民個人納稅人就全球所得納稅。

（2）非居民個人納稅人也是兩個標準：在中國境內無住所又不居住（此情形意味著這個人根本沒來中國）；無住所而且在一個納稅年度內在中國境內居住累計不滿 183 天的個人。非居民個人納稅人只就其在中國境內取得的所得繳納個人所得稅。

普及稅改小常識之一：

為什麼此次將居民個人納稅人的居住時間標準由原來的 1 年改為 183 天？

這主要基於三個方面的原因：一是與國際慣例接軌。

5

雖然各國規則各有不同，但是183天是大多數國家判定居民納稅義務的通行標準。如美國、英國、德國、法國等。二是與稅收協定相互銜接。國際稅收協定中判定居民納稅人的身分標準是183天，這與個人所得稅改革後的居住時間標準相互銜接一致。三是簡化和規範稅收規則。大多數國家居民身分判定標準都基於維護本國稅收管轄權和稅基安全的需要，如果中國的標準過於寬鬆的話，勢必會影響到中國的稅收管轄權和稅基安全。調整後的判定標準更加簡化，也有利於有效防範「定期離境」以惡意規避居民納稅人身分行為的發生。

（二）稅收管轄權的範圍

稅收管轄權是國家主權在稅收領域的體現。就個人所得稅而言，稅收管轄權包括居民稅收管轄權和所得來源地稅收管轄權。居民稅收管轄權要求對居民的全球所得徵稅，所得來源地稅收管轄權則對來源於本國境內的全部所得徵稅。居民稅收管轄權決定著個人所得稅納稅義務人的認定，而所得來源地稅收管轄權決定著哪些所得可以納入徵稅範圍。此次的《實施條例》在第三條明確了五種所得，無論其支付地點是否在中國境內，均為來源於中國境內的所得。

第二節　個人所得稅的徵稅對象和各項目的判定原則

【稅法條款】

第二條　下列各項個人所得，應當繳納個人所得稅：
（一）工資薪金所得；
（二）勞務報酬所得；
（三）稿酬所得；
（四）特許權使用費所得；
（五）經營所得；
（六）利息、股息、紅利所得；
（七）財產租賃所得；
（八）財產轉讓所得；
（九）偶然所得。

居民個人取得前款第一項至第四項所得（以下稱綜合所得），按納稅年度合併計算個人所得稅；非居民個人取得前款第一項至第四項所得，按月或者按次分項計算個人所得稅。納稅人取得前款第五項至第九項所得，依照本法規定分別計算個人所得稅。

【實施條例】

上述稅法條款對應《實施條例》第六條至第八條。

第六條　個人所得稅法規定的各項個人所得的範圍：

（一）工資薪金所得，是指個人因任職或者受雇取得的工資、薪金、獎金、年終加薪、勞動分紅、津貼、補貼以及與任職或者受雇有關的其他所得。

（二）勞務報酬所得，是指個人從事勞務取得的所得，包括從事設計、裝潢、安裝、制圖、化驗、測試、醫療、法律、會計、諮詢、講學、翻譯、審稿、書畫、雕刻、影視、錄音、錄像、演出、表演、廣告、展覽、技術服務、介紹服務、經紀服務、代辦服務以及其他勞務取得的所得。

（三）稿酬所得，是指個人因其作品以圖書、報刊等形式出版、發表而取得的所得。

（四）特許權使用費所得，是指個人提供專利權、商標權、著作權、非專利技術以及其他特許權的使用權取得的所得；提供著作權的使用權取得的所得，不包括稿酬所得。

（五）經營所得，是指：

1. 個體工商戶從事生產、經營活動取得的所得，個人獨資企業投資人、合夥企業的個人合夥人來源於境內註冊的個人獨資企業、合夥企業生產、經營的所得；

第一章　個人所得稅新法及實施條例解析

2. 個人依法從事辦學、醫療、諮詢以及其他有償服務活動取得的所得；

3. 個人對企業、事業單位承包經營、承租經營以及轉包、轉租取得的所得；

4. 個人從事其他生產、經營活動取得的所得。

（六）利息、股息、紅利所得，是指個人擁有債權、股權等而取得的利息、股息、紅利所得。

（七）財產租賃所得，是指個人出租不動產、機器設備、車船以及其他財產取得的所得。

（八）財產轉讓所得，是指個人轉讓有價證券、股權、合夥企業中的財產份額、不動產、機器設備、車船以及其他財產取得的所得。

（九）偶然所得，是指個人得獎、中獎、中彩以及其他偶然性質的所得。

個人取得的所得，難以界定應納稅所得項目的，由國務院稅務主管部門確定。

第七條　對股票轉讓所得徵收個人所得稅的辦法，由國務院另行規定，並報全國人民代表大會常務委員會備案。

第八條　個人所得的形式，包括現金、實物、有價證券和其他形式的經濟利益；所得為實物的，應當按照取得的憑證上所註明的價格計算應納稅所得額，無憑證的實物或者憑證上所註明的價格明顯偏低的，參照市場價格核定應納稅所得額；所得為有價證券的，根據票面

9

價格和市場價格核定應納稅所得額；所得為其他形式的經濟利益的，參照市場價格核定應納稅所得額。

【解析】

立法層面明確了居民個人和非居民個人對取得（一）至（四）項所得的不同計算方法。居民個人「綜合所得」按納稅年度合併計算；非居民個人仍然按月按次分項計算。《實施條例》第六條、第八條對應稅所得範圍和形式進行了明確和細化。那麼實際發生應稅所得的時候，納稅人按什麼標準來判斷自己該適用哪個稅目呢？現對9個稅目進行對比講解。

（一）工資薪金所得和勞務報酬所得如何區別

之所以把工資薪金和勞務報酬放在一起講，是因為從本質上講它們都是個人提供勞動而取得的收入。本次稅改將兩個項目並入「綜合所得」，解決了長期以來稅負之間存在差異的問題。但需注意的是，在預扣預繳時兩個項目仍要區別對待，因為兩個項目的預繳計算方式不一樣。

（1）「工資薪金所得」很好理解，就是從任職受雇單位取得的所得。除了現金以外，單位發的實物、有價證券和其他經濟利益的流入在稅收上都視為所得，要徵收個人所得稅。常見的有單位發放的購物券、電影卡或者

月餅票等。

（2）「勞務報酬所得」在《實施條例》中一共列舉了27個項目，包括個人從事勞務取得的所得，比如從事設計、裝潢、安裝等。常見的有單位請一些專家、學者授課，其支付給專家、學者的所得就是勞務報酬所得。

（3）工資薪金所得和勞務報酬所得是實務中最容易被大家搞混和引起爭議的項目。其實，兩個項目的判定，在稅收政策上是有明確規定的，即「是否與用人單位存在雇傭關係」，有就是工資薪金，沒有就是勞務報酬。實務操作上又常常以單位是否為員工購買了「三險一金」作為重要依據。當然，退休人員再任職是不需要參考「三險一金」這個條件的。

（4）如何判定「是否與用人單位存在雇傭關係」中的雇傭關係呢？有四個條件：①受雇人員與用人單位簽訂一年以上（含一年）勞動合同（協議），存在長期或連續的雇傭與被雇傭關係；②受雇人員因事假、病假、休假等原因不能正常出勤時，仍享受固定或基本工資收入；③受雇人員與單位其他正式職工享受同等福利、培訓及其他待遇；④受雇人員的職務晉升、職稱評定等工作由用人單位負責組織。

（5）新稅制下，因為工資薪金和勞務報酬都並入了綜合所得，按年計算，所以不會再存在稅負差異。但是，在預扣預繳環節還是要區分稅目，分別按照各自的預扣預繳辦法計算個人所得稅。

（二）稿酬所得和特許權使用費所得

（1）個人寫的文章或者後來把發表的文章結集成書出版，都按照稿酬所得項目徵稅。其中，作品不光包括文字作品，還有書畫作品、攝影作品、圖片、樂譜等。而且無論出版單位是預付、分筆支付還是加印再付，都要合併稿酬所得按一次收入計徵個人所得稅。比如瓊瑤阿姨寫了《情深深雨蒙蒙》，取得某出版商給的 100 萬元稿酬，這 100 萬元就要按照「稿酬所得」繳稅。

（2）特許權使用費強調的是讓渡了某種權利。比如上個案例中瓊瑤阿姨寫的書，後來被某個導演看上了，這個導演支付給了瓊瑤阿姨 1,000 萬元，把這本書拍成了電視連續劇，那麼這個 1,000 萬元就是「特許權使用費」。

還有一些特殊情形也是按照特許權使用費徵收個人所得稅的，如非本單位人員與新聞出版單位人員合作的課題或者學術論文雖未發表，但從合作單位取得的所得；個人取得的專利賠償收入等，均應按照特許權使用費所得項目計徵個人所得稅。

需要注意的是，提供著作權的使用權取得的所得，不包括稿酬所得。

普及稅改小常識之二：

此次稅改為什麼將工資薪金所得、勞務報酬所得、稿酬所得和特許權使用費這四項所得納入綜合所得範圍？

一是有利於公平稅負。這四個項目是個人主要的、穩定的收入來源，將其納入綜合所得範圍，實行按年計稅，能夠較好地平衡不同勞務性所得的稅負，同時緩解年度內收入不平衡帶來的稅負不平衡問題，進一步公平稅負，合理調節收入分配。

二是體現綜合稅制的特點。這四個項目的收入在個人所得稅總收入中占比較大，體現了綜合稅制的特點。

三是與社會配套條件和稅收徵管相適應。綜合與分類相結合稅制模式對社會配套條件和稅收徵管要求較高，這四項所得涉稅信息相對充分，將其納入綜合範圍較為可行。

（三）經營所得

此次經營所得合併了以前的兩個項目，即個體工商戶生產經營所得和對企事業單位的承包、承租經營所得（其中，原對企事業單位的承包經營、承租經營所得中的工資薪金部分應並入綜合所得）。《實施條例》第六條第（五）款明確了四種經營所得的範圍。

經營所得與勞務報酬有何區別？經營所得有時候會

與勞務報酬難以區分。實務中的判定是這樣的：經營所得強調了一定的合作性和持續性，且場所較為固定；但勞務報酬很多時候是因個人獨立從事非雇傭的勞務項目而取得的所得，基本沒有固定場所和機構。

（四）利息、股息、紅利所得

這三個項目看起來差不多，但其實有不同之處。

利息，是指個人因擁有債權而取得的利息，包括存款利息、貸款利息和各種債券的利息。個人在銀行存款所獲得的收入就是常見的利息收入。

股息、紅利，是指個人因擁有股權而取得的股息、紅利。股份公司按照一定的比例對每股發給的息金，叫股息；公司、企業應分配的利潤，按股份分配的叫紅利。利息、股息、紅利所得，除了另有規定的外，都應該繳納個人所得稅。

（五）財產租賃所得和財產轉讓所得

把家裡的房屋出租而取得的收入，就是典型的財產租賃所得。如果出賣房子而取得收入，則應按照財產轉讓所得徵稅。

目前對個人出租住房（注意是住房不是商鋪），暫減按10%徵收個人所得稅。將個人房屋轉租獲得的收入也是按照「財產租賃所得」徵稅，由轉租人繳納個人所得稅。

在確定財產租賃所得的納稅義務人時，應以產權憑

證為依據；無產權憑證的，由主管稅務機關根據實際情況確定。產權所有人死亡的，在未辦理產權繼承手續期間，該財產因出租而有租金收入的，以領取租金的個人為納稅義務人。

（六）偶然所得

偶然所得是與偶然性相關的所得。如買體育彩票或者福利彩票後中獎，因為不可能買了就一定中獎，所以中獎是具有偶然性的，在稅收上對應的就是偶然所得。

對個人購買體育彩票中獎收入一次中獎收入不超過 1 萬元的，暫免徵收個人所得稅；超過 1 萬元的，則全額徵收個人所得稅。比如，中了 100 萬元，則應繳納 100×20%＝20 萬元的個人所得稅。

普及稅改小常識之三：
為什麼此次立法取消了「其他所得」項目？

按照《中華人民共和國立法法》的規定，不可以對財政部門進行簡單授權，因此此次修改取消了「其他所得」的提法。可別小瞧了這一處看似不起眼的細微修改，它意味著具有 24 年歷史的個人所得稅「其他所得」項目，在 2018 年 12 月 31 日 24 時正式退出個人所得稅的舞臺。之前《個人所得稅法》中的「其他所得」一共有 11 個項目。現歸集如下，讀者可根據以後發布的新文件所列項目，對照查看。

（1）銀行部門以超過國家規定利率和保值貼補率支付給儲戶的攬儲獎金。

《財政部　國家稅務總局關於銀行部門以超過國家利率支付給儲戶的攬儲獎金徵收個人所得稅問題的批復》（財稅字〔1995〕64號）

（2）中國科學院院士榮譽獎金。

《國家稅務總局關於對中國科學院院士榮譽獎金徵收個人所得稅問題的復函》（國稅函〔1995〕351號文）

（3）保險公司按投保金額，以銀行同期儲蓄存款利率支付給在保期內未出險的人壽保險保戶的利息（或以其他名義支付的類似收入）。

《國家稅務總局關於未分配的投資者收益和個人人壽保險收入徵收個人所得稅問題的批復》（國稅函〔1998〕546號文）

（4）個人因任職單位繳納有關保險費用而取得的無賠款優待收入。

《國家稅務總局關於個人所得稅有關政策問題的通知》（國稅發〔1999〕58號文）

（5）股民個人從證券公司取得的交易手續費返還收入、回扣收入。

《國家稅務總局關於股民從證券公司取得的回扣收入徵收個人所得稅問題的批復》（國稅函〔1999〕627號）

（6）個人為單位或他人提供擔保獲得報酬。

《財政部　國家稅務總局關於個人所得稅有關問題的

批復》（財稅〔2005〕94號文）

（7）商品房買賣過程中，有的房地產公司因未協調好與按揭銀行的合作關係，造成購房人不能按合同約定辦妥按揭貸款手續，從而無法繳納後續房屋價款，致使房屋買賣合同難以繼續履行，房地產公司因雙方協商解除商品房買賣合同而向購房人支付違約金。購房個人因上述原因從房地產公司取得的違約金收入。

《國家稅務總局關於個人取得解除商品房買賣合同違約金徵收個人所得稅問題的批復》（國稅函〔2006〕865號文）

（8）除規定情形（房屋產權所有人將房屋產權無償贈予配偶、父母、子女、祖父母、外祖父母、孫子女、外孫子女、兄弟姐妹；房屋產權所有人將房屋產權無償贈予對其承擔直接撫養或者贍養義務的撫養人或者贍養人；房屋產權所有人死亡，依法取得房屋產權的法定繼承人、遺囑繼承人或者受遺贈人）以外，房屋產權所有人將房屋產權無償贈予他人的，受贈人因無償受贈房屋取得的受贈所得，按照「經國務院財政部門確定徵稅的其他所得」項目繳納個人所得稅，稅率為20%。

《財政部　國家稅務總局關於個人無償受贈房屋有關個人所得稅問題的通知》（財稅〔2009〕78號）

（9）企業在業務宣傳、廣告等活動中，隨機向本單位以外的個人贈送禮品，對個人取得的禮品所得，按照「其他所得」項目，全額適用20%的稅率繳納個人所

得稅。

《財政部　國家稅務總局關於企業促銷展業贈送禮品有關個人所得稅問題的通知》(財稅〔2011〕50號)

(10) 企業在年會、座談會、慶典以及其他活動中向本單位以外的個人贈送禮品，對個人取得的禮品所得按照「其他所得」項目，全額適用20%的稅率繳納個人所得稅。

《財政部　國家稅務總局關於企業促銷展業贈送禮品有關個人所得稅問題的通知》(財稅〔2011〕50號)

(11) 個人達到規定條件時領取個人稅收遞延型商業養老保險的商業養老金收入，其中25%部分予以免稅，其餘75%部分按照10%的比例稅率計算繳納個人所得稅，稅款計入「其他所得」項目。

《財政部　稅務總局　人力資源社會保障部　中國銀行保險監督管理委員會　證監會關於開展個人稅收遞延型商業養老保險試點的通知》(財稅〔2018〕22號)

註：財稅〔2018〕22號文件規定的政策，自2018年5月1日起，在上海市、福建省(含廈門市)和蘇州工業園區試行(暫定一年)。對於本項所得，該文件規定直接按照10%的稅率而並非按其他所得適用的20%稅率減半徵收，同時又規定將依此計算的應納稅款計入「其他所得」項目，當屬「其他所得」的特殊情形。

第三節　個人所得稅各項目的稅率

【稅法條款】

第三條　個人所得稅的稅率

（一）綜合所得，適用百分之三至百分之四十五的超額累進稅率（稅率表附後）；

（二）經營所得，適用百分之五至百分之三十五的超額累進稅率（稅率表附後）；

（三）利息、股息、紅利所得，財產租賃所得，財產轉讓所得和偶然所得，適用比例稅率，稅率為百分之二十。

【解析】

（一）綜合所得稅率表的變化特點

表1-1是一張綜合所得稅率對照表。注意，此表是一張月度稅率表，用月做時間標記，可以更好地對比稅率結構變化的情況。第一檔，從每月應納稅所得額不超過1,500元翻了個倍，跳到了不超過3,000元；第二檔從每月應納稅所得額超過1,500~4,500元變成了超過3,000~12,000元，可以看到原來12,000元對應的是舊稅率表的第四檔25%的稅率，現在只有10%，足足下降了15%，足見

個人所得稅新法實用手冊

表1-1　新舊個人所得稅稅率對比（綜合所得適用）

級數	舊版（每月）全月應納稅所得額(含稅級距)	新版（每月）全月應納稅所得額(含稅級距)	稅率（％）
1	不超過 1,500 元	不超過 3,000 元	3
2	超過 1,500 ~ 4,500 元	超過 3,000 ~ 12,000 元	10
3	超過 4,500 ~ 9,000 元	超過 12,000 ~ 25,000 元	20
4	超過 9,000 ~ 35,000 元	超過 25,000 ~ 35,000 元	25
5	超過 35,000 ~ 55,000 元	超過 35,000 ~ 55,000 元	30
6	超過 55,000 ~ 80,000 元	超過 55,000 ~ 80,000 元	35
7	超過 80,000 元的部分	超過 80,000 元的部分	45

優惠的力度；第三檔的20%也從原來的25%稅率中分出了一些級距。所以3%~20%三檔具有拉大稅率級距的特點。與此相應，縮小了25%稅率級距，由原來的26,000元級距縮小到了10,000元。最後，維持了30%~45%的稅率級距。

（二）經營所得適用稅率表的變化特點

表1-2　　　　新舊個人所得稅稅率表對比

舊版				新版			
個人所得稅稅率表二 (個體工商戶的生產、經營所得和對企事業單位的承包經營、承租經營所得適用)				個人所得稅稅率表二 (經營所得適用)			
級數	全年應納稅所得額	稅率(％)		級數	全年應納稅所得額	稅率(％)	
1	不超過15,000元的	5		1	不超過30,000元的	5	
2	超過15,000元至30,000元的部分	10		2	超過30,000元至90,000元的部分	10	
3	超過30,000元至60,000元的部分	20		3	超過90,000元至300,000元的部分	20	

第一章　個人所得稅新法及實施條例解析

表1-2(續)

	舊版			新版	
4	超過60,000元至100,000元的部分	30	4	超過300,000元至500,000元的部分	30
5	超過100,000元的部分	35	5	超過500,000元的部分	35
註：本表所稱全年應納稅所得額是指依照本法第六條的規定，以每一納稅年度的收入總額減除成本、費用以及損失後的餘額。			註：本表所稱全年應納稅所得額是指依照本法第六條的規定，以每一納稅年度的收入總額減除成本、費用以及損失後的餘額。		

如表1-2所示，經營所得適用稅率：在維持5%~35%稅率不變的情況下，大幅拉大各級稅率級距。最低稅率5%對應的級距由原15,000元擴大到30,000元；最高稅率35%對應的級距上限由原100,000元擴大到500,000元，大幅度地減輕了納稅人的稅收負擔。

普及稅改小常識之四：
什麼叫超額累進稅率？

有部分高收入者看到綜合所得表的最高稅率是45%，就以為自己的收入如果對應的是45%，就要按照收入45%來繳納個人所得稅。其實這個理解是不對的。

超額累進稅率是把徵稅對象的數額劃分為若干等級，對每個等級部分的數額分別規定相應稅率，分別計算稅額，各級稅額之和才是應納稅額。超額累進稅率的「超」字，是指徵稅對象數額超過某一等級時，僅就超過部分，按高一級稅率計算徵稅。

所以，按照我們現在對綜合所得的7檔劃分計算，最高檔45%所對應的實際稅負只有30%左右。

第四節　哪些所得可以免徵個人所得稅

【稅法條款】

第四條　下列各項個人所得，免徵個人所得稅：

（一）省級人民政府、國務院部委和中國人民解放軍軍以上單位，以及外國組織、國際組織頒發的科學、教育、技術、文化、衛生、體育、環境保護等方面的獎金；

（二）國債和國家發行的金融債券利息；

（三）按照國家統一規定發給的補貼、津貼；

（四）福利費、撫恤金、救濟金；

（五）保險賠款；

（六）軍人的轉業費、復員費、退役金；

（七）按照國家統一規定發給幹部、職工的安家費、退職費、基本養老金或者退休費、離休費、離休生活補助費；

（八）依照有關法律規定應予免稅的各國駐華使館、領事館的外交代表、領事官員和其他人員的所得；

（九）中國政府參加的國際公約、簽訂的協議中規定免稅的所得；

（十）國務院規定的其他免稅所得。

前款第十項免稅規定，由國務院報全國人民代表大

會常務委員會備案。

【實施條例】

上述稅法條款對應《實施條例》第九條至第十二條。

第九條　個人所得稅法第四條第一款第二項所稱國債利息，是指個人持有中華人民共和國財政部發行的債券而取得的利息；所稱國家發行的金融債券利息，是指個人持有經國務院批准發行的金融債券而取得的利息。

第十條　個人所得稅法第四條第一款第三項所稱按照國家統一規定發給的補貼、津貼，是指按照國務院規定發給的政府特殊津貼、院士津貼，以及國務院規定免予繳納個人所得稅的其他補貼、津貼。

第十一條　個人所得稅法第四條第一款第四項所稱福利費，是指根據國家有關規定，從企業、事業單位、國家機關、社會組織提留的福利費或者工會經費中支付給個人的生活補助費；所稱救濟金，是指各級人民政府民政部門支付給個人的生活困難補助費。

第十二條　個人所得稅法第四條第一款第八項所稱依照有關法律規定應予免稅的各國駐華使館、領事館的外交代表、領事官員和其他人員的所得，是指依照《中華人民共和國外交特權與豁免條例》和《中華人民共和國領事特權與豁免條例》規定免稅的所得。

【解析】

為了體現國家對個人特殊貢獻給予鼓勵的政策，稅法一一列舉了免稅獎金的項目，同時明確了免稅獎金的發放級別和來源。

（1）免稅獎金的項目：規定了7個方面——科學、教育、技術、文化、衛生、體育、環境保護等方面的獎金。

有人會說，「環境保護」後面不是有個「等」字嗎？那這個「等」是等內還是等外的概念呢？此條免稅獎金項目採取的是列舉法，因此是等內的含義，也就是說，除了上述項目以外的獎金，不得免徵個人所得稅。

（2）發放獎金的主體：

①省級人民政府。省級以上政府部門所發放獎金可以比照免稅。

②國務院部委。國務院直屬機構屬於正部級，獎金發放等級可以比照免稅。

③中國人民解放軍軍以上單位。

④外國組織。

⑤國際組織。

（3）需要注意的問題：

①省部級獎金原則上來源於財政支出。比如國務院部委、省級政府、中國人民解放軍軍以上單位獎金來源

於財政支出；在實際工作中，有一些獎金項目由國務院部委發起設立，獎金來源於社會捐贈或企業，對此，經國家稅務總局審查同意，可以認定為省部級獎金而免稅。

②外國組織、國際組織獎金來源不易限定。

其他幾種免稅情形，具體解釋不在此章節一一詳細寫出，請大家參閱本書第六章「個人所得稅常見熱點問題」。

第五節　減徵情形

【稅法條款】

第五條　有下列情形之一的，可以減徵個人所得稅，具體幅度和期限，由省、自治區、直轄市人民政府規定，並報同級人民代表大會常務委員會備案：

（一）殘疾、孤老人員和烈屬的所得；
（二）因自然災害遭受重大損失的。

國務院可以規定其他減稅情形，報全國人民代表大會常務委員會備案。

【解析】

此條基本沿用原來的政策，但是仍有幾個變化點：

一是明確和調整了減稅項目的決定機關；

二是將原來「嚴重自然災害」的表述改為「自然災害」。此次修改，不定義災害本身的嚴重性，而重點從納稅人角度出發，將享受優惠的點落在災害給納稅人帶來的重大損失上，是一個雖然細微但更人性化的修改。

三是根據《中華人民共和國立法法》做了統一調整：「國務院可以規定其他減稅情形，報全國人民代表大會常務委員會備案。」

第六節　應納稅所得額的計算

【稅法條款】

第六條　應納稅所得額的計算：

（一）居民個人的綜合所得，以每一納稅年度的收入額減除費用六萬元以及專項扣除、專項附加扣除和依法確定的其他扣除後的餘額，為應納稅所得額。

（二）非居民個人的工資薪金所得，以每月收入額減除費用五千元後的餘額為應納稅所得額；勞務報酬所得、稿酬所得、特許權使用費所得，以每次收入額為應納稅所得額。

（三）經營所得，以每一納稅年度的收入總額減除成本、費用以及損失後的餘額，為應納稅所得額。

（四）財產租賃所得，每次收入不超過四千元的，減除費用八百元；四千元以上的，減除百分之二十的費用，其餘額為應納稅所得額。

（五）財產轉讓所得，以轉讓財產的收入額減除財產原值和合理費用後的餘額，為應納稅所得額。

（六）利息、股息、紅利所得和偶然所得，以每次收入額為應納稅所得額。

勞務報酬所得、稿酬所得、特許權使用費所得以收入減除百分之二十的費用後的餘額為收入額。稿酬所得的收入額減按百分之七十計算。

個人將其所得對教育、扶貧、濟困等公益慈善事業進行捐贈，捐贈額未超過納稅人申報的應納稅所得額百分之三十的部分，可以從其應納稅所得額中扣除；國務院規定對公益慈善事業捐贈實行全額稅前扣除的，從其規定。

本條第一款第一項規定的專項扣除，包括居民個人按照國家規定的範圍和標準繳納的基本養老保險、基本醫療保險、失業保險等社會保險費和住房公積金等；專項附加扣除，包括子女教育、繼續教育、大病醫療、住房貸款利息或者住房租金、贍養老人等支出，具體範圍、標準和實施步驟由國務院確定，並報全國人民代表大會常務委員會備案。

【實施條例】

上述稅法條款對應《實施條例》第十三條至第二十條。

第十三條　個人所得稅法第六條第一款第一項所稱依法確定的其他扣除，包括個人繳付符合國家規定的企業年金、職業年金，個人購買符合國家規定的商業健康保險、稅收遞延型商業養老保險的支出，以及國務院規定可以扣除的其他項目。

專項扣除、專項附加扣除和依法確定的其他扣除，以居民個人一個納稅年度的應納稅所得額為限額；一個納稅年度扣除不完的，不結轉以後年度扣除。

第十四條　個人所得稅法第六條第一款第二項、第四項、第六項所稱每次，分別按照下列方法確定：

（一）勞務報酬所得、稿酬所得、特許權使用費所得，屬於一次性收入的，以取得該項收入為一次；屬於同一項目連續性收入的，以一個月內取得的收入為一次。

（二）財產租賃所得，以一個月內取得的收入為一次。

（三）利息、股息、紅利所得，以支付利息、股息、紅利時取得的收入為一次。

（四）偶然所得，以每次取得該項收入為一次。

第十五條　個人所得稅法第六條第一款第三項所稱成本、費用，是指生產、經營活動中發生的各項直接支

第一章　個人所得稅新法及實施條例解析

出和分配計入成本的間接費用以及銷售費用、管理費用、財務費用；所稱損失，是指生產、經營活動中發生的固定資產和存貨的盤虧、毀損、報廢損失，轉讓財產損失，壞帳損失，自然災害等不可抗力因素造成的損失以及其他損失。

取得經營所得的個人，沒有綜合所得的，計算其每一納稅年度的應納稅所得額時，應當減除費用 6 萬元、專項扣除、專項附加扣除以及依法確定的其他扣除。專項附加扣除在辦理匯算清繳時減除。

從事生產、經營活動，未提供完整、準確的納稅資料，不能正確計算應納稅所得額的，由主管稅務機關核定應納稅所得額或者應納稅額。

第十六條　個人所得稅法第六條第一款第五項規定的財產原值，按照下列方法確定：

（一）有價證券，為買入價以及買入時按照規定交納的有關費用；

（二）建築物，為建造費或者購進價格以及其他有關費用；

（三）土地使用權，為取得土地使用權所支付的金額、開發土地的費用以及其他有關費用；

（四）機器設備、車船，為購進價格、運輸費、安裝費以及其他有關費用。

其他財產，參照前款規定的方法確定財產原值。

納稅人未提供完整、準確的財產原值憑證，不能按

29

照本條第一款規定的方法確定財產原值的，由主管稅務機關核定財產原值。

個人所得稅法第六條第一款第五項所稱合理費用，是指賣出財產時按照規定支付的有關稅費。

第十七條　財產轉讓所得，按照一次轉讓財產的收入額減除財產原值和合理費用後的餘額計算納稅。

第十八條　兩個以上的個人共同取得同一項目收入的，應當對每個人取得的收入分別按照個人所得稅法的規定計算納稅。

第十九條　個人所得稅法第六條第三款所稱個人將其所得對教育、扶貧、濟困等公益慈善事業進行捐贈，是指個人將其所得通過中國境內的公益性社會組織、國家機關向教育、扶貧、濟困等公益慈善事業的捐贈；所稱應納稅所得額，是指計算扣除捐贈額之前的應納稅所得額。

第二十條　居民個人從中國境內和境外取得的綜合所得、經營所得，應當分別合併計算應納稅額；從中國境內和境外取得的其他所得，應當分別單獨計算應納稅額。

【解析】

對各項所得「應納稅所得額」的計算方法，也就是我們通常說的稅基。第六條可謂是新法的「重頭戲」。由

第一章　個人所得稅新法及實施條例解析

於內容太多，因此此部分解析不涉及舉例和實務，具體計算過程和案例可參閱本書第四章「個人所得稅稅款計算」。

（一）與原來的分類稅制相比，本條款有哪些變化點

一是修改了對勞務報酬所得、稿酬所得、特許權使用費所得費用扣除的規定；二是設立專項附加扣除，新增「子女教育、繼續教育、大病醫療、住房貸款利息或者住房租金、贍養老人支出」為專項附加扣除；三是明確專項附加扣除的具體範圍、標準和實施步驟由國務院確定，要報全國人民代表大會常務委員會備案；四是直接對公益慈善事業捐贈扣除予以明確；五是取消了「專門的附加減除費用」。

（二）幾個需要注意的問題

（1）居民個人的綜合所得，以每一納稅年度的收入額減除費用六萬元以及專項扣除、專項附加扣除和依法確定的其他扣除後的餘額，為應納稅所得額。

此款明確對居民個人綜合所得的計算，其中專項扣除是指現在的「三險一金」；專項附加扣除是指新增的6個項目；依法確定的其他扣除是指年金、商業健康保險、試點地區實施的遞延養老保險。具體內容可參考本書第三章「個人所得稅其他扣除」。

（2）非居民個人的工資薪金所得，以每月收入額減除費用五千元後的餘額為應納稅所得額；勞務報酬所得、稿酬所得、特許權使用費所得，以每次收入額為應納稅所得額。

此款明確了非居民個人的四項所得如何計算。非居民個人取得這四項所得的，由扣繳義務人按月或者按次扣繳稅款，不辦理匯算清繳。

普及稅改小常識之五：
此次改革為什麼要新設6項專項附加扣除呢？

一是貫徹落實黨的十九大精神，回應社會訴求的重要舉措。黨的十九大提出「堅持在發展中保障和改善民生」，此次改革新設的6項專項附加扣除，有利於實現十九大提出的「幼有所育、學有所教、勞有所得、病有所醫、老有所養、住有所居、弱有所扶」，進一步增強人民群眾的獲得感。二是這也是與國際慣例接軌的重要體現。英國、美國、法國等國家，在基本減除費用的基礎上，均規定了教育、醫療等相關專項附加扣除。按照規定，「具體範圍、標準和實施步驟由國務院確定，並報全國人民代表大會常務委員會備案」。初步考慮是對專項附加扣除設置一定限額或者定額標準，既要保障方便納稅人申報納稅，相關支出得到合理扣除，又要體現政策公平，使廣大納稅人實實在在地得到減稅的紅利。

第一章　個人所得稅新法及實施條例解析

第七節　境外收入的稅款抵免

【稅法條款】

第七條　居民個人從中國境外取得的所得，可以從其應納稅額中抵免已在境外繳納的個人所得稅稅額，但抵免額不得超過該納稅人境外所得依照本法規定計算的應納稅額。

【實施條例】

上述稅法條款對應《實施條例》第二十一條、第二十二條。

第二十一條　個人所得稅法第七條所稱已在境外繳納的個人所得稅稅額，是指居民個人來源於中國境外的所得，依照該所得來源國家（地區）的法律應當繳納並且實際已經繳納的所得稅稅額。

個人所得稅法第七條所稱納稅人境外所得依照本法規定計算的應納稅額，是居民個人抵免已在境外繳納的綜合所得、經營所得以及其他所得的所得稅稅額的限額（以下簡稱抵免限額）。除國務院財政、稅務主管部門另有規定外，來源於中國境外一個國家（地區）的綜合所

得抵免限額、經營所得抵免限額以及其他所得抵免限額之和，為來源於該國家（地區）所得的抵免限額。

居民個人在中國境外一個國家（地區）實際已經繳納的個人所得稅稅額，低於依照前款規定計算出的來源於該國家（地區）所得的抵免限額的，應當在中國繳納差額部分的稅款；超過來源於該國家（地區）所得的抵免限額的，其超過部分不得在本納稅年度的應納稅額中抵免，但是可以在以後納稅年度來源於該國家（地區）所得的抵免限額的餘額中補扣。補扣期限最長不得超過五年。

第二十二條　居民個人申請抵免已在境外繳納的個人所得稅稅額，應當提供境外稅務機關出具的稅款所屬年度的有關納稅憑證。

【解析】

隨著全球經濟一體化的深入發展和人員交往越來越頻繁，中國的居民個人從事境外投資和提供勞務的情況日益增多，相應也取得了各種各樣境外所得。按照中國的稅法規定，此種跨境所得在中國是需要納稅的。但是，按照所得來源國的法律，通常也必須在境外繳納稅收，因此會形成對同一項所得的國際重複徵稅現象。為了盡可能地在一定限度和範圍內消除納稅人跨國所得被重複徵稅，大部分國家在本國稅法中設立了消除國際重複徵

稅的途徑和方法。比如，你在國外講學取得了一筆收入，按照中國的計算方法，需要繳納稅款 10 萬元，減掉你在國外已繳納的稅款（假設是 7 萬元），那麼在中國只需要再補交 3 萬元就可以了。

第八節　新增的個人反避稅條款

【稅法條款】

第八條　有下列情形之一的，稅務機關有權按照合理方法進行納稅調整：

（一）個人與其關聯方之間的業務往來不符合獨立交易原則而減少本人或者其關聯方應納稅額，且無正當理由；

（二）居民個人控制的，或者居民個人和居民企業共同控制的設立在實際稅負明顯偏低的國家（地區）的企業，無合理經營需要，對應當歸屬於居民個人的利潤不作分配或者減少分配；

（三）個人實施其他不具有合理商業目的的安排而獲取不當稅收利益。

稅務機關依照前款規定作出納稅調整，需要補徵稅款的，應當補徵稅款，並依法加收利息。

【實施條例】

上述稅法條款對應《實施條例》第二十三條。

第二十三條　個人所得稅法第八條第二款規定的利息，應當按照稅款所屬納稅申報期最後一日中國人民銀行公布的與補稅期間同期的人民幣貸款基準利率計算，自稅款納稅申報期滿次日起至補繳稅款期限屆滿之日止按日加收。納稅人在補繳稅款期限屆滿前補繳稅款的，利息加收至補繳稅款之日。

【解析】

為維護國家稅收權益，根據自然人避稅的特點，借鑑企業所得稅法反避稅的經驗，增設了個人反避稅條款。對個人不按獨立交易原則而減少本人或者其關聯方應納稅額且無正當理由的、實施不具有合理商業目的的安排而獲取不當稅收利益等行為的，稅務機關有權按合理方法進行納稅調整，營造公平、透明、有序的稅收環境。

（一）什麼是獨立交易原則

獨立交易原則是指沒有關聯關係的交易各方，按照公平成交價格和營業常規進行業務往來所遵循的原則。

(二) 什麼叫控制

此前公布的《實施條例》(徵求意見稿) 給出了兩種情形：

(1) 居民個人、居民企業直接或者間接單一持有外國企業10%以上有表決權股份，且由其共同持有該外國企業50%以上股份；

(2) 居民個人、居民企業持股比例未達到第一項規定的標準，但在股份、資金、經營、購銷等方面對該外國企業構成實質控制。

(三) 什麼叫不具有合理商業目的

這是指以減少、免除或者推遲繳納稅款為主要目的。

第九節　扣繳義務人和納稅人識別號

【稅法條款】

第九條　個人所得稅以所得人為納稅人，以支付所得的單位或者個人為扣繳義務人。

納稅人有中國公民身分號碼的，以中國公民身分號碼為納稅人識別號；納稅人沒有中國公民身分號碼的，由稅務機關賦予其納稅人識別號。扣繳義務人扣繳稅款

時，納稅人應當向扣繳義務人提供納稅人識別號。

【實施條例】

上述稅法條款對應《實施條例》第二十四條。

第二十四條 扣繳義務人向個人支付應稅款項時，應當依照個人所得稅法規定預扣或者代扣稅款，按時繳庫，並專項記載備查。

前款所稱支付，包括現金支付、匯撥支付、轉帳支付和以有價證券、實物以及其他形式的支付。

【解析】

(一) 什麼是扣繳義務人

扣繳義務人，是指向個人支付所得的單位或者個人。扣繳義務人應當依法辦理全員全額扣繳申報。這是稅法對扣繳義務人的原則規定。單位是指向納稅人支付所得的國家機關、事業單位、企業、社會團體、民辦非企業單位等組織。所謂組織，是為完成一定職能、事業、經營以及其他目標，具有辦公場所和人財物的機構，一般應領取「組織機構證書」。而個人作為扣繳義務人，主要指個體工商戶、個人獨資和合夥企業、一人有限責任公司。

(二) 什麼是納稅人識別號

（1）自然人納稅人識別號，是自然人納稅人辦理各類涉稅事項的唯一代碼標示。

（2）有中國公民身分號碼的，以其中國公民身分號碼作為納稅人識別號；沒有中國公民身分號碼的，由稅務機關賦予其納稅人識別號。

（3）納稅人首次辦理涉稅事項時，應當向稅務機關或者扣繳義務人出示有效身分證件，並報送相關基礎信息。

（4）稅務機關應當在賦予自然人納稅人識別號後告知或者通過扣繳義務人告知納稅人其納稅人識別號，並為自然人納稅人查詢本人納稅人識別號提供便利。

（5）自然人納稅人辦理納稅申報、稅款繳納、申請退稅、開具完稅憑證、納稅查詢等涉稅事項時，應當向稅務機關或扣繳義務人提供納稅人識別號。

第十節　自行申報的情形

【稅法條款】

第十條　有下列情形之一的，納稅人應當依法辦理納稅申報：

（一）取得綜合所得需要辦理匯算清繳；

（二）取得應稅所得沒有扣繳義務人；

（三）取得應稅所得，扣繳義務人未扣繳稅款；

（四）取得境外所得；

（五）因移居境外註銷中國戶籍；

（六）非居民個人在中國境內從兩處以上取得工資薪金所得；

（七）國務院規定的其他情形。

扣繳義務人應當按照國家規定辦理全員全額扣繳申報，並向納稅人提供其個人所得和已扣繳稅款等信息。

【實施條例】

上述稅法條款對應《實施條例》第二十五條至第二十七條。

第二十五條　取得綜合所得需要辦理匯算清繳的情形包括：

（一）從兩處以上取得綜合所得，且綜合所得年收入額減除專項扣除的餘額超過6萬元；

（二）取得勞務報酬所得、稿酬所得、特許權使用費所得中一項或者多項所得，且綜合所得年收入額減除專項扣除的餘額超過6萬元；

（三）納稅年度內預繳稅額低於應納稅額；

（四）納稅人申請退稅。

納稅人申請退稅，應當提供其在中國境內開設的銀行帳戶，並在匯算清繳地就地辦理稅款退庫。

匯算清繳的具體辦法由國務院稅務主管部門制定。

第二十六條　個人所得稅法第十條第二款所稱全員全額扣繳申報，是指扣繳義務人在代扣稅款的次月十五日內，向主管稅務機關報送其支付所得的所有個人的有關信息、支付所得數額、扣除事項和數額、扣繳稅款的具體數額和總額以及其他相關涉稅信息資料。

第二十七條　納稅人辦理納稅申報的地點以及其他有關事項的具體辦法，由國務院稅務主管部門制定。

【解析】

本條涉及的自行申報七種情形將在本書的第五章「個人所得稅扣繳申報和自行申報」中詳細講解。

第十一節　個人所得稅的扣繳和專項附加扣除的報送

【稅法條款】

第十一條　居民個人取得綜合所得，按年計算個人所得稅；有扣繳義務人的，由扣繳義務人按月或者按次

預扣預繳稅款；需要辦理匯算清繳的，應當在取得所得的次年三月一日至六月三十日內辦理匯算清繳。預扣預繳辦法由國務院稅務主管部門制定。

居民個人向扣繳義務人提供專項附加扣除信息的，扣繳義務人按月預扣預繳稅款時應當按照規定予以扣除，不得拒絕。

非居民個人取得工資薪金所得，勞務報酬所得，稿酬所得和特許權使用費所得，有扣繳義務人的，由扣繳義務人按月或者按次代扣代繳稅款，不辦理匯算清繳。

第十二條 納稅人取得經營所得，按年計算個人所得稅，由納稅人在月度或者季度終了後十五日內向稅務機關報送納稅申報表，並預繳稅款；在取得所得的次年三月三十一日前辦理匯算清繳。

納稅人取得利息、股息、紅利所得，財產租賃所得，財產轉讓所得和偶然所得，按月或者按次計算個人所得稅，有扣繳義務人的，由扣繳義務人按月或者按次代扣代繳稅款。

第十三條 納稅人取得應稅所得沒有扣繳義務人的，應當在取得所得的次月十五日內向稅務機關報送納稅申報表，並繳納稅款。

納稅人取得應稅所得，扣繳義務人未扣繳稅款的，納稅人應當在取得所得的次年六月三十日前，繳納稅款；稅務機關通知限期繳納的，納稅人應當按照期限繳納

稅款。

居民個人從中國境外取得所得的，應當在取得所得的次年三月一日至六月三十日內申報納稅。

非居民個人在中國境內從兩處以上取得工資薪金所得的，應當在取得所得的次月十五日內申報納稅。

納稅人因移居境外註銷中國戶籍的，應當在註銷中國戶籍前辦理稅款清算。

第十四條　扣繳義務人每月或者每次預扣、代扣的稅款，應當在次月十五日內繳入國庫，並向稅務機關報送扣繳個人所得稅申報表。

納稅人辦理匯算清繳退稅或者扣繳義務人為納稅人辦理匯算清繳退稅的，稅務機關審核後，按照國庫管理的有關規定辦理退稅。

【實施條例】

上述稅法條款對應《實施條例》第二十八條至第三十一條。

第二十八條　居民個人取得工資薪金所得時，可以向扣繳義務人提供專項附加扣除有關信息，由扣繳義務人扣繳稅款時減除專項附加扣除。納稅人同時從兩處以上取得工資薪金所得，並由扣繳義務人減除專項附加扣除的，對同一專項附加扣除項目，在一個納稅年度內只

能選擇從一處取得的所得中減除。

居民個人取得勞務報酬所得、稿酬所得、特許權使用費所得，應當在匯算清繳時向稅務機關提供有關信息，減除專項附加扣除。

第二十九條　納稅人可以委託扣繳義務人或者其他單位和個人辦理匯算清繳。

第三十條　扣繳義務人應當按照納稅人提供的信息計算辦理扣繳申報，不得擅自更改納稅人提供的信息。

納稅人發現扣繳義務人提供或者扣繳申報的個人信息、所得、扣繳稅款等與實際情況不符的，有權要求扣繳義務人修改。扣繳義務人拒絕修改的，納稅人應當報告稅務機關，稅務機關應當及時處理。

納稅人、扣繳義務人應當按照規定保存與專項附加扣除相關的資料。稅務機關可以對納稅人提供的專項附加扣除信息進行抽查，具體辦法由國務院稅務主管部門另行規定。稅務機關發現納稅人提供虛假信息的，應當責令改正並通知扣繳義務人；情節嚴重的，有關部門應當依法予以處理，納入信用信息系統並實施聯合懲戒。

第三十一條　納稅人申請退稅時提供的匯算清繳信息有錯誤的，稅務機關應當告知其更正；納稅人更正的，稅務機關應當及時辦理退稅。

扣繳義務人未將扣繳的稅款解繳入庫的，不影響納稅人按照規定申請退稅，稅務機關應當憑納稅人提供的

有關資料辦理退稅。

【解析】

將這幾條歸類在一起，主要考慮到它們都是和扣繳與專項附加扣除相關的情形，還包括了具體的權利與義務。該部分所涉及內容將在本書的第二章「個人所得稅專項附加扣除」、第四章「個人所得稅稅款計算」、第五章「個人所得稅扣繳申報和自行申報」中詳細講解。

第十二節　部門配合的綜合治稅

【稅法條款】

第十五條　公安、人民銀行、金融監督管理等相關部門應當協助稅務機關確認納稅人的身分、金融帳戶信息。教育、衛生、醫療保障、民政、人力資源社會保障、住房城鄉建設、公安、人民銀行、金融監督管理等相關部門應當向稅務機關提供納稅人子女教育、繼續教育、大病醫療、住房貸款利息、住房租金、贍養老人等專項附加扣除信息。

個人轉讓不動產的，稅務機關應當根據不動產登記

等相關信息核驗應繳的個人所得稅，登記機構辦理轉移登記時，應當查驗與該不動產轉讓相關的個人所得稅的完稅憑證。個人轉讓股權辦理變更登記的，市場主體登記機關應當查驗與該股權交易相關的個人所得稅的完稅憑證。

有關部門依法將納稅人、扣繳義務人遵守本法的情況納入信用信息系統，並實施聯合激勵或者懲戒。

【解析】

實行綜合與分類相結合的個人所得稅制，需要納稅人自行辦理匯算清繳及補退稅事項，需要保證納稅人身分信息和金融帳戶信息的真實、準確，防止出現誤扣、誤退稅款等情形。

除了依託扣繳義務人、納稅人採集個人身分信息、金融帳戶信息以外，稅務機關還需要借助公安、人民銀行、金融監管等相關部門協助確認納稅人的身分、金融帳戶信息，保證信息真實準確，避免他人冒名申報出現誤退稅款的情況，保證納稅人的信息和資金安全。同時，此次稅改還增加了個人轉讓房產和股權所得，相關部門查驗完稅憑證，此舉將大大加強房屋轉讓和股權轉讓的個人所得稅徵管。

第十三節　幣種、手續費和儲蓄存款利息所得

【稅法條款】

第十六條　各項所得的計算，以人民幣為單位。所得為人民幣以外的貨幣的，按照人民幣匯率中間價折合成人民幣繳納稅款。

第十七條　對扣繳義務人按照所扣繳的稅款，付給百分之二的手續費。

第十八條　對儲蓄存款利息所得開徵、減徵、停徵個人所得稅及其具體辦法，由國務院規定，並報全國人民代表大會常務委員會備案。

【實施條例】

上述稅法條款對應《實施條例》第三十二條、第三十三條。

第三十二條　所得為人民幣以外貨幣的，按照辦理納稅申報或者扣繳申報的上一月最後一日人民幣匯率中間價，折合成人民幣計算應納稅所得額。年度終了後辦

理匯算清繳的，對已經按月、按季或者按次預繳稅款的人民幣以外貨幣所得，不再重新折算；對應當補繳稅款的所得部分，按照上一納稅年度最後一日人民幣匯率中間價，折合成人民幣計算應納稅所得額。

　　第三十三條　稅務機關按照個人所得稅法第十七條的規定付給扣繳義務人手續費，應當填開退還書；扣繳義務人憑退還書，按照國庫管理有關規定辦理退庫手續。

【解析】

(一) 為什麼將「外國貨幣」修改為「人民幣以外的貨幣」

　　中國港、澳、臺地區的貨幣，就是「人民幣以外的貨幣」，但並不是「外國貨幣」，所以此次稅法對此表述進行了修訂，涵蓋了中國港、澳、臺地區貨幣等非外國貨幣，同時將「國家外匯管理機關規定的外匯牌價」修改為「人民幣匯率中間價」。

(二) 為什麼要設立手續費，具體比例是多少

　　為了提高辦稅的質量和效率，同時也為了獎勵單位財務人員或者相關的辦稅人員扣繳稅款的行為，立法層面仍然保留了對扣繳義務人付給手續費的條款，具體比例是所扣繳稅款的2%，但不包括稅務機關查補的稅款。

第十四節　法律責任、徵收管理、實施時間等其他內容

【稅法條款】

第十九條　納稅人、扣繳義務人和稅務機關及其工作人員違反本法規定的，依照《中華人民共和國稅收徵收管理法》和有關法律法規的規定追究法律責任。

第二十條　個人所得稅的徵收管理，依照本法和《中華人民共和國稅收徵收管理法》的規定執行。

第二十一條　國務院根據本法制定實施條例。

第二十二條　本法自公布之日起施行。

【實施條例】

上述稅法條款對應《實施條例》第三十四條至第三十六條。

第三十四條　個人所得稅納稅申報表、扣繳個人所得稅報告表和個人所得稅完稅憑證式樣，由國務院稅務主管部門統一制定。

第三十五條　軍隊人員個人所得稅徵收事宜，按照有關規定執行。

第三十六條　本條例自 2019 年 1 月 1 日起施行。

表1-3、表1-4是新個人所得稅法稅率表。

表1-3　　　　個人所得稅稅率表一
(綜合所得適用)

級數	全年應納稅所得額	稅率(%)
1	不超過36,000元的	3
2	超過36,000元至144,000元的部分	10
3	超過144,000元至300,000元的部分	20
4	超過300,000元至420,000元的部分	25
5	超過420,000元至660,000元的部分	30
6	超過660,000元至960,000元的部分	35
7	超過960,000元的部分	45

註1：本表所稱全年應納稅所得額，是指依照本法第六條的規定，居民個人取得綜合所得以每一納稅年度收入額減除費用六萬元以及專項扣除、專項附加扣除和依法確定的其他扣除後的餘額。

註2：非居民個人取得工資薪金所得，勞務報酬所得，稿酬所得和特許權使用費所得，依照本表按月換算後計算應納稅額。

表1-4　　　　個人所得稅稅率表二
(經營所得適用)

級數	全年應納稅所得額	稅率(%)
1	不超過30,000元的	5
2	超過30,000元至90,000元的部分	10
3	超過90,000元至300,000元的部分	20
4	超過300,000元至500,000元的部分	30
5	超過500,000元的部分	35

註：本表所稱全年應納稅所得額，是指依照本法第六條的規定，以每一納稅年度的收入總額減除成本、費用以及損失後的餘額。

第一章　個人所得稅新法及實施條例解析

普及稅改小常識之六：
《實施條例》修訂的主要內容有哪些？

一是明確了對符合居民個人標準的境外人士的稅收優惠。新個人所得稅法將判定居民個人的標準由在中國境內居住滿一年調整為滿183天。為吸引境外人才，加大對符合居民個人標準的境外人士稅收優惠力度，《實施條例》規定：在中國境內無住所的個人，在中國境內居住累計滿183天的年度連續不滿六年的，經向主管稅務機關備案，其來源於中國境外且由境外單位或者個人支付的所得，免予繳納個人所得稅；在中國境內居住累計滿183天的任一年度中有一次離境超過30天的，其在中國境內居住累計滿183天的年度的連續年限重新起算。

二是完善了經營所得應納稅所得額的計算方法。修改後的個人所得稅法將個體工商戶的生產、經營所得和對企事業單位的承包經營、承租經營所得統一調整為經營所得。為支持、鼓勵自主創業，對個體工商戶等經營主體給予家庭生計必要支出減除，《實施條例》規定：取得經營所得的個人，沒有綜合所得的，計算其每一納稅年度的應納稅所得額時應當減除費用6萬元、專項扣除、專項附加扣除以及依法確定的其他扣除。

三是明確了相關事項的政策界限。《實施條例》明確了個人所得稅徵收中一些重要事項的政策界限，包括個人所得稅法所稱依法確定的其他扣除包括個人繳付符合

國家規定的企業年金、職業年金，個人購買符合國家規定的商業健康保險、稅收遞延型商業養老保險的支出，以及國務院規定的可以扣除的其他項目；專項扣除、專項附加扣除和依法確定的其他扣除以居民個人一個納稅年度的應納稅所得額為限額，一個納稅年度扣除不完的，不結轉以後年度扣除等。

普及稅改小常識之七：
為保障新個人所得稅法設立的專項附加扣除項目順利落地，《實施條例》做了哪些規定？

為保障新個人所得稅法設立的專項附加扣除項目順利落地，《實施條例》主要做了以下幾個方面規定：

一是工資薪金所得可以由扣繳義務人在扣繳稅款時減除專項附加扣除，其他綜合所得在匯算清繳時減除專項附加扣除，納稅人可以委託扣繳義務人或者其他單位和個人辦理匯算清繳。

二是納稅人、扣繳義務人應當按照規定保存與專項附加扣除相關的資料。稅務機關可以對專項附加扣除信息進行抽查，發現納稅人提供虛假信息的，責令其改正並通知扣繳義務人；情節嚴重的，有關部門應當依法予以處理，納入信用信息系統並實施聯合懲戒。

三是專項扣除、專項附加扣除和依法確定的其他扣除以居民個人一個納稅年度的應納稅所得額為限額，一個納稅年度扣除不完的，不結轉以後年度扣除。

第一章 個人所得稅新法及實施條例解析

普及稅改小常識之八：

《實施條例》施行後，現行個人所得稅有關稅收優惠政策是否繼續執行？

新的個人所得稅法授權國務院制定稅收優惠政策，為確保新個人所得稅法順利平穩實施，財政部、稅務總局對個人所得稅優惠政策進行了梳理，與新的個人所得稅法相銜接，經報國務院批准，繼續保留現行有關稅收優惠政策，並由國務院報全國人民代表大會常務委員會備案。

第二章
個人所得稅專項附加扣除

要點提示：

　　本章以納稅人關心的常見問題為導向，分類細緻地進行梳理和講解，在六個專項附加扣除詳解中，包括了政策解讀（扣除主體、方式、範圍等）和常見問題；在申報常見問題中包括了資料填報、個人所得稅 App、電子模板和其他問題；在案例和表格填寫中，手把手教大家怎麼填寫項目。

第二章　個人所得稅專項附加扣除

第一節　總體介紹

此次個人所得稅改革，最大的亮點就是增加了專項附加扣除，包括子女教育、繼續教育、大病醫療、住房貸款利息或者住房租金（注意：此兩項是二選一，不可同時享受扣除）、贍養老人等支出。如果納稅人發生了上述支出，就可以在申報時按一定的標準在稅前扣除。

一、基本原則

在講六個專項附加扣除之前，需要大家先瞭解幾個基本原則：一是引入家庭概念；二是不能跨年結轉；三是扣除方式年度不變；四是動態調整；五是不重複扣除。

第一，引入了家庭概念。

（1）本次稅改雖然未實行以家庭為單位計算稅款，但是我們在專項附加扣除層面，部分項目可以按照家庭（夫妻、子女甚至第三代）考慮扣除。比如，大病醫療支出，規定納稅人發生的醫藥費用支出可以選擇由本人或者其配偶扣除；未成年子女發生的醫藥費用支出可以選擇由其父母一方扣除。贍養老人支出甚至延伸到第三代，規定子女均已去世的年滿60週歲（含）的祖父母、外祖父母的贍養支出，可由作為實際贍養人的孫子女、外孫

子女扣除。

(2) 父母和子女概念：

父母，是指生父母、繼父母、養父母。

子女，是指婚生子女、非婚生子女、繼子女、養子女。

父母之外的其他人擔任未成年人的監護人的，比照執行。

第二，不得結轉。個人所得稅專項附加扣除額本年度扣除不完的，不能結轉以後年度扣除。

第三，扣除方式年度內不變。一旦選擇了扣除方式，在一個納稅年度內就不能變更。比如，住房貸款利息支出，經夫妻雙方約定，可以選擇由其中一方扣除（妻子一方扣或者丈夫一方扣），且具體扣除方式一旦確定，在一個納稅年度內不能變更。

第四，動態調整。類似於大家熟知的「起徵點」，經歷了從 800 元到 1,600 元到 2,000 元到 3,500 元再到 5,000 元的過程，六項專項附加扣除也並非一成不變的，而是可以根據教育、醫療、住房、養老等民生支出變化情況，未來將適時調整專項附加扣除範圍和標準。

第五，不得重複扣除。首先，對同一項目不可重複填報。其次，如果你同時從兩處以上取得工資薪金所得，並選擇通過扣繳義務人辦理專項附加扣除，那麼對同一專項附加扣除項目，只能選擇從其中一處扣除。比如你

第二章　個人所得稅專項附加扣除

有 A 和 B 兩個任職單位，需要享受子女教育每月扣 1,000 元，那麼你不能既在 A 單位又在 B 單位都申報這 1,000 元的扣除。

二、六個專項附加扣除一覽表（表 2-1）

表 2-1　　　　　　六個專項附加扣除一覽表

扣除項目	扣除主體	扣除內容	扣除標準	扣除時間
子女教育	父母	學前教育 （滿 3 週歲~ 小學前） 全日制學歷教育	1,000 元/子女/每月	學前教育階段，為子女年滿 3 週歲當月至小學入學前一月。學歷教育，為子女接受全日制學歷教育入學的當月至全日制學歷教育結束的當月。
繼續教育	本人、父母	學歷(學位)繼續教育	400 元/人/月 （本人扣） 最長不超過 48 個月	學歷（學位）繼續教育，為在中國境內接受學歷（學位）繼續教育入學的當月至學歷（學位）繼續教育結束的當月。技能人員職業資格繼續教育、專業技術人員職業資格繼續教育，為取得相關證書的當年。
		本科及以下繼續教育	符合條件的可由父母扣除	
		技能、專業技術職業資格教育	3,600 元 （取得證書當年）	

57

表2-1(續)

扣除項目	扣除主體	扣除內容	扣除標準	扣除時間
大病醫療	本人、配偶、未成年子女由父母一方扣除	醫保報銷後個人負擔部分	15,000元＜醫保報銷後個人負擔部分≤95,000元（本區間內據實扣除）	醫療保障信息系統記錄的醫藥費用實際支出的當年。（次年匯算清繳時申報扣除）
住房貸款利息	本人、配偶	僅限首套住房貸款利息支出，僅限一套房（婚前分別購房，可各扣50%）	1,000元/每月；最長可扣240個月	貸款合同約定開始還款的當月至貸款全部歸還或貸款合同終止的當月，扣除期限最長不得超過240個月。
住房租金	本人、配偶（簽訂合同的承租人）	直轄市、省會城市、計劃單列市及國務院確定的其他城市	1,500元/月	租賃合同（協議）約定的房屋租賃期開始的當月至租賃期結束的當月。提前終止合同（協議）的，以實際租賃期限為準。
		市轄區戶籍人口＞100萬人	1,100元/月	
		市轄區戶籍人口≤100萬人	800元/月	
贍養老人（被贍養人年滿60週歲，含60週歲）	本人	獨生子女	2,000元/月	被贍養人年滿60週歲的當月至贍養義務終止的年末。
		非獨生子女（指定分攤、約定分攤、均攤）被贍養人指定分攤優於子女約定分攤	≤1,000元/人/月 合計≤2,000元	

第二節　六個專項附加扣除詳解

一、子女教育

(一) 政策解讀

扣除主體：

子女在學前教育階段或子女正接受學歷教育的父母。

扣除標準：

按每個子女每年 12,000 元（每月 1,000 元）的標準定額扣除。

扣除方式：

父母可以由其中一方按扣除標準的 100% 扣除，也可以由雙方分別按扣除標準的 50% 扣除。

具體扣除方式一旦確定，在一個納稅年度內不能變更。

扣除範圍：

納稅人的子女接受全日制學歷教育的相關支出，包括在中國境內、境外接受教育。

學前教育階段：年滿 3 週歲至小學入學前教育。

學歷教育：

(1) 義務教育（小學和初中）；

（2）高中階段教育（普通高中、中等職業教育、技工教育）；

（3）高等教育（大學專科、大學本科、碩士研究生、博士研究生）。

起止時間：

子女處於學前教育階段的，為年滿3週歲當月至小學入學前；

接受學歷教育的，為接受全日制學歷教育的當月至結束的當月；

施教機構按規定組織實施的寒暑假連續計算；

因病或其他非主觀原因休學且學籍繼續保留的，休學期間連續計算。

留存資料：

納稅人子女在中國境內接受教育的，無須留存任何資料。

納稅人子女在中國境外接受教育的，納稅人應當留存境外學校錄取通知書、留學簽證等相關教育證明資料。

(二) 常見問題

基礎篇：

問一：子女教育的扣除主體是誰？

答：子女教育的扣除主體是子女的法定監護人，包括生父母、繼父母、養父母。父母之外的其他人擔任未成年人的監護人的，比照執行。

第二章 個人所得稅專項附加扣除

問二：監護人不是父母的，可以扣除嗎？

答：可以，前提是確實擔任未成年人的監護人。

問三：子女的範圍包括哪些？

答：子女包括婚生子女、非婚生子女、養子女、繼子女。還包括未成年但受到本人監護的非子女。

問四：子女教育的扣除標準是多少？

答：按照每個子女每年12,000元（每月1,000元）的標準定額扣除。比如，自然人劉某有兩名子女，且符合子女教育扣除條件，則可選擇由劉某每月按1,000×2＝2,000元的標準享受子女教育專項附加扣除。

問五：子女教育的扣除在父母之間如何分配？

答：父母可以選擇由其中一方按扣除標準的100%扣除，如只有一個子女，可一方每月扣除1,000元；也可以選擇由雙方分別按扣除標準的50%扣除，即一人每月扣除500元。只有這兩種分配方式。

問六：子女教育的扣除分配選定之後可以變更嗎？

答：子女教育的扣除分配方式有一方扣除或者雙方平攤。選定扣除方式後，在一個納稅年度內不能變更。

問七：在民辦學校接受教育可以享受扣除嗎？

答：可以。無論子女在公辦學校還是在民辦學校接受教育，都可以享受扣除。

問八：在境外學校接受教育可以享受扣除嗎？

答：可以。無論子女在境內學校還是在境外學校接受教育，都可以享受扣除。

問九：納稅人享受子女教育專項附加扣除，需要保存哪些資料？

答：納稅人子女在境內接受教育的，享受子女教育專項扣除不需留存任何資料。納稅人子女在境外接受教育的，納稅人應當留存境外學校錄取通知書、留學簽證等相關教育的證明資料備查。

問十：對於存在離異重組等情況的家庭子女而言，該如何享受政策？

答：由子女父母雙方協商決定。一個孩子總額不能超過1,000元/月，扣除人不能超過2個。

升級篇：

問一：子女滿3週歲，但未入幼兒園的，是否需要填寫就讀學校或者就讀國家（地區）？

答：需要。如果不填寫，將可能導致此條信息之後信息採集失敗，影響個人享受專項附加扣除。國家（地區）在下拉菜單中選擇填報，就讀學校可填寫「無」。

問二：同一子女、同一受教育階段是否需要細化填寫？如，義務教育階段是否需要區分小學、中學分別填寫？

答：無須細化填寫。對於同一子女的同一受教育階段，即使在一個年度中間，子女存在升學、轉學等情形，只要受教育階段不變，也無須細化填寫。

問三：同一子女某個受教育階段中間就讀學校或者就讀國家（地區）發生變化的，是否需要分別填寫？

答：無須分別填寫，只需要填寫填表時就讀的學校即可。

問四：何時填寫教育終止時間？

答：子女因就業或其他原因不再繼續接受全日制學歷教育時填寫。當前受教育階段結束，但還會繼續接受全日制學歷教育的無須填寫。個人從填報的教育終止時間次月起，不能再繼續享受該子女的此項扣除。

問五：一個扣除年度中，同一子女因升學等原因接受不同教育階段的全日制學歷教育如何填寫？

答：可以分兩行，分別填寫前後兩個階段的受教育情況。

問六：自然人胡某為中國居民，其美國籍子女發生的教育支出是否可以稅前扣除？

答：可以。

問七：未滿3週歲的子女實際已進入幼兒園嬰班上學，是否可以扣除？

答：不可以。

問八：已滿3週歲的子女處於學前教育階段但未實際入學幼兒園，是否可以扣除？

答：可以。從年滿3週歲的當月起算。

問九：自然人姚某某的女兒在2019年5月年滿3週歲，在9月份入園，子女教育費用扣除從什麼時候起算？

答：從年滿3週歲的當月起算，即2019年5月。

問十：我不是孩子的親生父母，但是承擔了他的撫養和教育義務，這種情況下我可以享受子女教育扣除嗎？

答：一般情況下，父母負有撫養和教育未成年子女的義務，可依法享受子女教育扣除；對情況特殊的，如未由父母撫養和教育的未成年子女，相應的義務會轉移到其法定監護人身上。因此，假如您是孩子的法定監護人，對其負有撫養和教育的義務，您就可以依法申報享受子女教育扣除。

問十一：本科畢業之後，繼續就讀研究生，父母是否可以扣除子女教育？

第二章　個人所得稅專項附加扣除

答：本科畢業後，於當年9月繼續就讀研究生，則當年7~8月可連續享受。否則不予扣除。

問十二：子女6月高中畢業，9月上大學，其間的7~8月能不能享受子女教育扣除？

答：可以扣除。對於連續性的學歷（學位）教育，升學銜接期間屬於子女教育期間，可以申報子女教育專項附加扣除。

問十三：大學期間參軍，學校保留學籍，是否可以按子女教育扣除？

答：服兵役是公民的義務，大學期間參軍是積極回應國家的號召，休學保留學籍期間，屬於高等教育階段，可以申報子女教育專項附加扣除。

問十四：參加「跨校聯合培養」需要到國外讀書幾年，是否可以按照子女教育扣除？

答：一般情況下，參加跨校聯合培養的學生，原學校保留學生學籍，父母可以享受子女教育附加扣除。

（三）填表樣例（以電子模板填報為例）（表2-2）

表2-2 專項附加扣除信息採集表-子女教育支出

政策適用條件：
1. 有子女符合以下兩個條件之一：（1）扣除年度有子女滿3週歲至小學入學前階段；（2）扣除年度有子女正在接受全日制學歷教育。
2. 同一子女由父親和母親扣除比例合計不超過100%。
不符合上述條件者請勿填寫本頁，否則可能導致適用政策錯誤，影響個人納稅信用甚至違反稅收法律。

序號	*子女姓名	*身分證件類型	*身分證件號碼	*出生日期	*國籍（地區）	*當前受教育階段	*當前受教育階段起始時間	*當前受教育階段結束時間	*當前就讀國家（地區）	*當前就讀學校	*本人扣除比例
填寫說明		選擇：居民身分證/中國護照/港澳居民來往內地通行證/港澳居民居住證/臺灣居民來往大陸通行證/臺灣居民居住證/外國人永久居留身分證/外國護照/其他個人證件	若身分證件類型選擇居民身分證，需輸入18位或者15位身分證號碼	與身分證件一致，若身分證件模板可自動帶出該項	選擇：國籍（地區），一般為中國	選擇：學前教育階段、義務教育、高中階段教育、高等教育，（同一子女，當前階段只能採集1條）	格式為年-月，如2019-01	格式為年-月，如2023-12	選擇：國家（地區）名稱。1. 填寫當前受教育階段的國籍國家（地區），教育階段內變更的，不用分兩行填寫，可修改為變更後的國家（地區）。 2. 學前教育階段勿填寫，否則請勿填寫。	1. 填寫當前受教育階段的學校名稱。同一教育階段內不變更行填寫，可修改為變更後的學校。 2. 學前教育階段可填寫受教育機構名稱或者填寫「無」。	選擇：50%或100%（同一子女在一個納稅年度內本人扣除比例不得變更）。選擇100%即填報人享受該子女的該項扣除；選擇50%，父母合計不能超過100%。
例	某自然人謝某已婚，男，有兩個子女，某女在境外就讀小學，選擇扣除比例100%；某子2018年10月已滿3週歲，但未入學人幼兒園，通過電子模板填寫子女教育信息並提交單位財務部門。選擇扣除比例與妻子各50%。2019年1月1日。										
1	謝某女	居民身分證	510100201009010023X	2010-09-01	中國	義務教育	2017-09	2023-07	美國	美國舊金山大灣區小學	100%
2	謝某子	居民身分證	510100201510010250	2015-10-01	中國	學前教育階段	2018-10		中國	無	50%

二、繼續教育

(一) 政策解讀

扣除主體：

接受學歷（學位）繼續教育的個人；

接受技能人員職業繼續教育或專業技術人員職業繼續教育的個人；

僅限在中國境內接受繼續教育。

扣除標準：

接受學歷（學位）繼續教育的：在接受教育期間按每年4,800元（每月400元）的標準定額扣除。

接受技能人員、專業技術人員職業資格繼續教育的：在取得相關證書的年度按3,600元定額扣除。

扣除起止時間：

納稅人參加學歷繼續教育的：

扣除期間為入學當月至教育結束的當月，最長不得超過48個月。

納稅人參加職業資格教育的：

在取得相關職業資格證書的當年扣除。

留存資料：

技能人員職業資格繼續教育、專業技術人員職業資格繼續教育相關證書等。

特別規定：

個人接受本科（含）以下學歷（學位）繼續教育，

可以選擇由本人扣除，也可以選擇由其父母扣除。

(二) 常見問題

基礎篇：

問一：繼續教育專項附加扣除的扣除範圍是怎麼規定的？

答：納稅人在中國境內接受學歷（學位）繼續教育的支出，在學歷（學位）教育期間按照每月 400 元定額扣除。納稅人接受技能人員職業資格繼續教育、專業技術人員職業資格繼續教育支出，在取得相關證書的當年，按照 3,600 元定額扣除。

問二：繼續教育專項附加扣除的扣除主體是誰？

答：技能人員職業資格繼續教育、專業技術人員職業資格繼續教育支出由接受教育的納稅人本人扣除。大學本科及以下的學歷（學位）繼續教育可以由接受教育的本人扣除，也可以由其父母按照子女教育扣除。但對於同一教育事項，不得重複扣除。

問三：繼續教育專項附加扣除該如何申報？

答：對技能人員職業資格和專業技術人員職業資格繼續教育，採取憑證書信息定額扣除方式，納稅人在取得證書後向扣繳義務人提供姓名、納稅人識別號、證書編號等信息，由扣繳義務人在預扣預繳環節扣除。也可以在年終向稅務機關提供資料，通過匯算清繳享受扣除。對學歷（學位）繼續教育，採取憑學籍信息定額扣除方

式，納稅人向扣繳義務人提供姓名、納稅人識別號、學籍、考籍等信息，由扣繳義務人在預扣預繳環節扣除。也可以在年終向稅務機關提供資料，通過匯算清繳享受扣除。

問四：學歷（學位）繼續教育支出，可在多長期限內扣除？

答：在中國境內接受學歷（學位）繼續教育入學的當月至學歷（學位）繼續教育結束的當月，但同一學歷（學位）繼續教育的扣除期限最長不得超過48個月。

問五：沒有證書的興趣培訓費用可以扣除嗎？

答：目前，繼續教育專項附加扣除的範圍限定學歷（學位）繼續教育、技能人員職業資格繼續教育和專業技術人員職業資格繼續教育的支出。上述培訓之外的花藝等興趣培訓不在稅前扣除範圍內。

問六：納稅人終止繼續教育是否需要報告？

答：納稅人終止繼續教育，應當將相關變化信息告知扣繳義務人或稅務機關。

問七：同時接受多個學歷（學位）繼續教育或者取得多個專業技術人員職業資格證書，是否均需要填寫？

答：只填寫其中一條即可。因為多個學歷（學位）繼續教育不可同時享受，多個職業資格繼續教育不可同時享受。

問八：學歷（學位）繼續教育與職業資格繼續教育可以同時享受嗎？

答：可以。

問九：假如在2019年取得兩個技能人員職業資格證書，可以享受多少金額的繼續教育扣除？

答：納稅人接受技能人員職業資格繼續教育、專業技術人員職業資格繼續教育，可以在取得相關證書的當年，按照3,600元定額扣除。在一個納稅年度中取得多個技能人員職業資格證書的，也按照3,600元的定額扣除。

升級篇：

問一：考取機動車駕駛證的支出可否扣除？

答：不可以。判斷是否屬於技能人員職業資格和專業技術人員職業資格繼續教育，應以國家相關部門公布的職業資格目錄為標準。目前，參考文件為《人力資源社會保障部關於公布國家職業資格目錄的通知》（人社部發〔2017〕68號）。機動車駕駛證不在該目錄範圍內，不可以稅前扣除。

問二：陳某2019年參加大學本科繼續教育，2020年1月更換了就讀專業，繼續教育的扣除期限如何計算？

答：從更換就讀專業的2020年1月起，作為第二次繼續教育重新計算最長48個月的扣除期限。

問三：本科及以下學歷（學位）繼續教育可否由父母扣除？

答：本科及以下學歷（學位）繼續教育，可選擇由本人或父母扣除。

問四：學歷（學位）教育，最後沒有取得學歷（學位）證書也可以扣48個月嗎？

答：憑學籍信息扣除，不考察最終是否取得證書，最長可以扣除48個月。

問五：我現在處於本碩博連讀的博士階段，父母已經申報享受了子女教育。我攻讀博士學位期間取得律師資格證書，可以申報扣除繼續教育嗎？

答：如您有綜合所得（比如稿酬或勞務報酬等），一個納稅年度內，在取得證書的當年，可以享受職業資格繼續教育扣除（3,600元/年）。

問六：參加自學考試，納稅人應當如何享受扣除？

答：按照《高等教育自學考試暫行條例》的有關規定，高等教育自學考試應考者取得一門課程的單科合格證書後，省考委即應為其建立考籍管理檔案。具有考籍管理檔案的考生，可以按照《暫行辦法》的規定，享受繼續教育專項附加扣除。

問七：納稅人參加夜大、函授、現代遠程教育、廣播電視大學等學習，是否可以按照繼續教育扣除？

答：納稅人參加夜大、函授、現代遠程教育、廣播電視大學等教育，所讀學校為其建立學籍檔案的，可以享受學歷（學位）繼續教育扣除。

個人所得稅新法實用手冊

（三）填表樣例（以電子模板填報為例）

表 2-3 專項附加扣除信息採集表－繼續教育支出

學歷（學位）繼續教育政策適用條件：
扣除年度內在中國境內接受學歷（學位）繼續教育。

職業資格繼續教育政策適用條件：
扣除年度取得職業資格或者專業技術人員職業資格相關證書。

不符合上述條件者請勿填寫本頁，否則可能導致政策適用錯誤，影響個人納稅信用甚至違反稅收法律。

學歷（學位）繼續教育

序號	*當前繼續教育起始時間	*（預計）當前繼續教育結束時間	*教育階段
填表說明	格式為年-月，如 2019-01	輸入大於當前繼續教育起始時間的日期，如 2020-01	選擇：專科/本科/碩士研究生/博士研究生/其他

職業資格繼續教育

序號	*繼續教育類型	*發證（批准）日期	*證書上的發證（批准）日期	*證書名稱	*證書編號	*發證機關
填表說明	選擇：技能人員職業資格/專業技術人員職業資格	格式為：年-月-日，如：2019-01-01，為證書上的發證（批准）日期，而非實際取得證書日期		在下拉菜單中選擇證書名稱	填寫證書編號	填寫證書發放機關

例：自然人謝某 2018 年 9 月開始就讀四川大學在職研究生，2019 年 2 月取得註冊會計師證書（證書發證日期為 2019 年 1 月 15 日）。2019 年 4 月，謝某通過電子模板填寫上述繼續教育信息，並提交單位財務人員。

學歷（學位）繼續教育

序號	*當前繼續教育起始時間	*（預計）當前繼續教育結束時間	*教育階段
1	2018-09	2020-08	碩士研究生

職業資格繼續教育

序號	*繼續教育類型	*發證（批准）日期	*證書名稱	*證書編號	*發證機關
1	專業技術人員職業資格	2019-01-15	註冊會計師	00000001	中華人民共和國財政部
2					

72

三、大病醫療

(一) 政策解讀

扣除主體：

納稅人發生的醫藥費用支出由本人或者其配偶扣除，未成年子女發生的醫藥費用支出由其父母一方扣除。

扣除標準和範圍：

在一個納稅年度內，納稅人發生的與其基本醫保相關的醫藥費用支出，扣除醫保報銷後個人負擔（指醫保目錄範圍內的自付部分）累計超過 15,000 元的部分，在 80,000 元限額內據實扣除，見圖 2-1。

圖 2-1　如何理解 8 萬元限額扣除

納稅人及其配偶、未成年子女發生的醫藥費用支出，分別計算扣除額。

留存資料：

醫藥服務收費、醫保報銷相關票據原件（或者複印件）等資料。

特別規定：

納稅人在發生大病醫療支出的次年 3 月 1 日至 6 月

30 日辦理年度匯算清繳時扣除。

(二) 常見問題

基礎篇：

問一：大病醫療專項附加扣除的扣除方式是怎樣的？

答：對大病醫療扣除設定扣除金額上限，採取限額內據實扣除方式。

問二：大病醫療專項附加扣除何時扣除？

答：在次年 3 月 1 日至 6 月 30 日匯算清繳時扣除。

問三：納稅人配偶、子女的大病醫療支出是否可以在納稅人稅前扣除？

答：納稅人發生的醫藥費用支出可以選擇由本人或其配偶一方扣除；未成年子女發生的醫藥費用支出可以選擇由其父母一方扣除。納稅人及其配偶、未成年子女發生的醫藥費用支出，按規定分別計算扣除額。

問四：納稅人父母的大病醫療支出，是否可以在納稅人稅前扣除？

答：目前未將納稅人的父母納入大病醫療扣除範圍。

問五：享受大病醫療專項附加扣除時，納稅人需要注意什麼？

答：納稅人日常看病時，應當注意留存醫療服務收費相關票據原件（或複印件）備查，同時，可以通過醫

療保障部門的醫療保障管理信息系統查詢本人上一年度醫藥費用情況。納稅人在年度匯算清繳時填報相關信息申請退稅。納稅人需留存醫療服務收費相關票據複印件備查。

升級篇：

問一：大病醫療支出中，納稅人年末住院，第二年年初出院，這種跨年度的醫療費用，如何計算扣除額？是分兩個年度分別扣除嗎？

答：納稅人年末住院，第二年年初出院，一般是在出院時才進行醫療費用的結算。納稅人申報享受大病醫療扣除，以醫療費用結算單上的結算時間為準，因此該醫療支出屬於第二年的醫療費用。到 2019 年結束時，如果達到大病醫療扣除的起付線，可以在 2020 年匯算清繳時享受扣除。

問二：夫妻同時有大病醫療支出，想全部都在男方扣除，扣除限額是否 16 萬元？

答：夫妻兩人同時有符合條件的大病醫療支出，可以選擇都在男方扣除，每人最高扣除限額為 8 萬元。

問三：自然人許某及其妻子、女兒分別發生大病醫療支出，醫保報銷後個人負擔部分金額分別為 10 萬元、8 萬元、1 萬元。假定符合扣除條件並選擇由許某一人扣除，則許某享受扣除額為多少？

答：納稅人及其配偶、未成年子女發生的醫藥費用支出，應分別計算扣除額。

(1) 許某自己實際發生費用 10 萬元，10-1.5=8.5 萬元，已超過 8 萬元最高限額，扣除金額 8 萬元。

(2) 許某妻子實際發生費用 8 萬元，扣除金額 8-1.5=6.5 萬元。

(3) 許某女兒實際發生費用 1 萬元，未超過 1.5 萬元，扣除金額 0 萬元。

綜上，許某享受扣除金額=8+6.5+0=14.5（萬元）。

(三) 填表樣例

目前，大病醫療支出還無法通過電子模板填報。納稅人在發生大病醫療支出的次年 3 月 1 日至 6 月 30 日辦理年度匯算清繳時通過紙質表格、手機 App 端或 web 端報送信息並扣除。

四、住房貸款利息

(一) 政策解讀

扣除主體：

單獨或共同使用商業銀行或住房公積金貸款購買住房發生的首套住房貸款利息支出的個人或配偶。

扣除標準：

償還貸款期間，按每年 12,000 元（每月 1,000 元）標準定額扣除。

經夫妻雙方約定，選擇由其中一方扣除。

具體扣除方式一旦確定，在一個納稅年度內不能變更。

納稅人只能享受一次首套住房貸款的利息扣除。

扣除範圍：

購買中國境內住房，使用商業銀行或住房公積金貸款購買住房發生的首套住房貸款利息支出。

扣除起止時間：

貸款合同約定開始還款當月至貸款全部歸還或貸款合同終止當月，扣除期限最長不超過240個月。

留存資料：

住房貸款合同、貸款還款支出憑證。

特別規定：

納稅人及其配偶在一個納稅年度內不能同時分別享受住房貸款利息和住房租金專項附加扣除。

夫妻雙方婚前分別購買住房發生的首套住房貸款，其貸款利息支出，婚後可以選擇購買的其中一套住房，由購買方按扣除標準的100%扣除；也可以由夫妻雙方對各自購買的住房分別按扣除標準的50%扣除。具體扣除方式一旦確定，在一個納稅年度內不能變更。

（二）常見問題

基礎篇：

問一：住房貸款利息專項附加扣除的扣除範圍是什麼？
答：納稅人本人或其配偶單獨或共同使用商業銀行

或住房公積金個人住房貸款為本人或其配偶購買中國境內住房所發生的首套住房貸款利息支出。

問二：如何判斷是否為首套住房貸款？

答：首套住房貸款是指購買住房享受首套住房貸款利率的住房貸款。納稅人只能享受一次首套住房貸款的利息扣除。實際操作中，納稅人可諮詢所貸款的銀行、住房公積金中心或中國人民銀行。

問三：住房貸款利息和住房租金扣除可以同時享受嗎？

答：不可以。納稅人及其配偶在一個納稅年度內不能同時分別享受住房貸款利息和住房租金專項附加扣除。

問四：住房貸款利息專項附加扣除的標準是怎麼規定的？

答：在實際發生貸款利息的年度，按照每月1,000元標準定額扣除，扣除期限最長不超過240個月。納稅人只能享受一次首套住房貸款的利息扣除。

問五：住房貸款利息專項附加扣除享受的時間範圍？

答：納稅人的住房貸款利息扣除期限最長不能超過240個月，240個月後不能享受附加扣除。對於2019年以前發生的住房貸款利息，不追溯享受。對於2019年之後還處在還款期的住房貸款利息支出，只要符合條件，可以扣除。

第二章　個人所得稅專項附加扣除

升級篇：

問一：首套房的貸款還清後，貸款購買第二套房屋時，銀行仍舊按照首套房貸款利率發放貸款，首套房沒有享受過扣除，第二套房屋是否可以享受住房貸款利息扣除？

答：根據《暫行辦法》的相關規定，如納稅人此前未享受過住房貸款利息扣除，那麼其按照首套住房貸款利率貸款購買的第二套住房，可以享受住房貸款利息扣除。

問二：我有一套住房，是公積金和商業銀行貸款的組合貸款，公積金中心按首套貸款利率發放，商業銀行貸款按普通商業銀行貸款利率發放，是否可以享受住房貸款利率扣除？

答：一套採用組合貸款方式購買的住房，如公積金中心或者商業銀行其中之一是按照首套房屋貸款利率發放的貸款，就可以享受住房貸款利息扣除。

問三：父母和子女共同購房，房屋產權證明、貸款合同均登記為父母和子女，住房貸款利息專項附加扣除如何享受？

答：父母和子女共同購買一套房子，不能既由父母扣除，又由子女扣除，應該由主貸款人扣除。如主貸款人為子女的，由子女享受貸款利息專項附加扣除；主貸款人為父母中一方的，由父母任一方享受貸款利息扣除。

問四：父母為子女買房，房屋產權證明登記為子女，貸款合同的貸款人為父母，住房貸款利息支出的扣除如何享受？

答：從實際看，房屋產權證明登記主體與貸款合同主體完全沒有交叉的情況很少發生。如確有此類情況，按照《暫行辦法》的規定，只有納稅人本人或者配偶使用住房貸款為本人或者其配偶購買中國境內住房所發生的首套住房貸款利息支出才可以扣除。本例中，父母所購房屋是為子女購買的，不符合上述規定，父母和子女均不可以享受住房貸款利息扣除。

問五：丈夫婚前購買的首套住房，婚後由丈夫還貸，首套住房利息是否只能由丈夫扣除？妻子是否可以扣除？

答：按照《暫行辦法》的規定，經夫妻雙方約定，可以選擇由夫妻中一方扣除。具體扣除方式確定後，在一個納稅年度內不能變更。

問六：享受住房貸款利息專項附加扣除，房屋證書號碼是房屋所有權證/不動產權證上哪一個號碼？

答：為房屋所有權證或不動產權證上載明的號碼。如「京（2018）朝陽不動產權第0000000號」，或者「蘇房地（寧）字（2017）第000000號」。如果還沒取得房屋所有權證或者不動產權證，但有房屋買賣合同、房屋預售合同的，則填寫合同上的編號。

第二章 個人所得稅專項附加扣除

（三）填表樣例

表 2-4

專項附加扣除信息採集表 - 住房貸款利息支出

政策適用條件：
1. 本人或者配偶購買的中國境內住房；
2. 屬於首套住房貸款（可諮詢貸款銀行），且扣除年度仍在還貸；
3. 住房租金支出和住房貸款利息支出未同時扣除。
不符合上述條件者請勿填寫本頁，否則可能導致政策適用錯誤，影響個人納稅信用甚至違反稅收法律。
已填寫住房租金支出信息者請勿填寫本頁，否則可能導致信息導入失敗，無法享受政策。

*房屋坐落地址	×××省××市××路××號×××小區×××棟×單元××××
*本人是否借款人	請選擇：是/否
序號	*房屋證書類型	*貸款類型	*房屋證書號碼	*貸款銀行	*房屋證書號碼	*貸款合同編號	是否婚前各自首套貸款，且婚後分別扣除50%	*首次還款日期	*貸款期限（月數）
---	---	---	---	---	---	---	---	---	---
填表說明	選擇：房屋所有權證/不動產權證/房屋買賣合同/房屋預售合同	選擇：公積金貸款/商業貸款/組合貸款（組合貸款的，分兩行分別填寫商業貸款和住房公積金貸款）	填寫房屋證書號碼	（公積金貸款此項不填。商業貸款」時，請填寫貸款銀行名稱，如「中國銀行」）	填寫貸款合同編號	選擇：是/否（夫妻雙方婚前分別購房並為首套貸款，婚後選擇該項扣除方式的，選擇「是」）	格式為：年-月-日 如：2020-01-01	（請輸入大於 0 的整數。按合同約定還款月數填寫，如果提前結清貸款，填寫實際還款月數，最長不超過240個月）

例：2018 年 1 月 1 日，謝某某婚前通過組合貸款購買房一套，經諮詢銀行和公積金中心，確認享受首套住房貸款利息支出。2019 年 1 月 2 日，通過電子模板填寫並提交單位財務人員。

*房屋坐落地址	四川省成都市武侯區文化路 168 號紅旗小區 1 棟 2 單元 1801 室
*本人是否借款人	是	*房屋證書號碼	川房地(2018)00001 號字	*貸款期限（月數）	是
序號	*房屋證書類型	*貸款類型	*房屋證書號碼	*貸款銀行	*貸款合同編號	是否婚前各自首套貸款，且婚後分別扣除50%	*首次還款日期	*貸款期限（月數）
1	房屋所有權證	商業貸款	00000000001	中國工商銀行	貸款合同編號	是	2018-01-01	240
2	房屋所有權證	公積金貸款	GZ000000001			是	2018-01-01	240

81

五、住房租金

（一）政策解讀

扣除主體：

在主要工作城市沒有自有住房而有住房租賃支出的納稅人。

主要工作城市的界定：

（1）納稅人任職受雇的直轄市、計劃單列市、副省級城市、地級市（地區、州、盟）全部行政區域範圍；

（2）無任職受雇單位的，為受理其綜合所得匯算清繳的稅務機關所在城市。

扣除標準：

按租賃住房的主要工作城市確定定額扣除標準：

（1）直轄市、省會城市、計劃單列市以及國務院確定的其他城市：每月1,500元。

除（1）以外的城市：

（2）市轄區戶籍人口超過100萬的城市：每月1,100元；

（3）市轄區戶籍人口不超過100萬（含）的城市：每月800元。

註：市轄區戶籍人口，以國家統計局公布的數據為準。

第二章　個人所得稅專項附加扣除

扣除起止時間：

開始時間為租賃合同約定支付租金的當月，至租賃行為終止的當月。

留存資料：

住房租賃合同、協議等有關資料。

特別規定：

夫妻雙方主要工作城市相同的，只能由一方扣除住房租金支出。

住房租金支出由簽訂租賃住房合同的承租人扣除。

納稅人的配偶在納稅人的主要工作城市有自有住房的，視同納稅人在主要工作城市有自有住房。

(二) 常見問題

基礎篇：

問一：住房租金專項附加扣除的扣除範圍是怎麼規定的？

答：納稅人在主要工作城市沒有自有住房而發生的住房租金支出，可以按照規定進行扣除。

問二：住房租金專項附加扣除中的主要工作城市如何界定？

答：主要工作城市是指納稅人任職受雇的直轄市、計劃單列市、副省級城市、地級市（地區、州、盟）全

部行政區域範圍。無任職受雇單位的，為受理其綜合所得匯算清繳的稅務機關所在城市。

問三：住房租金專項附加扣除的扣除主體是誰？

答：住房租金支出由簽訂租賃住房合同的承租人扣除。夫妻雙方主要工作城市相同的，只能由一方（即承租人）扣除住房租金支出。夫妻雙方不得同時分別享受住房貸款利息扣除和住房租金扣除。

問四：納稅人享受住房租金專項附加扣除應該留存哪些資料？

答：納稅人應當留存住房租賃合同、協議等有關資料備查。

升級篇：

問一：多人合租住房，住房租金支出應如何扣除？

答：根據《個人所得稅專項附加扣除暫行辦法》第十九條的規定，住房租金支出由簽訂租賃合同的承租人扣除。因此，合租租房的個人，若都與出租方簽署了規範的租房合同，則可根據租金定額標準各自扣除。

問二：住房租金要求留存備查的合同，有模板格式要求嗎？

答：根據《國家稅務總局關於發布〈個人所得稅專項附加扣除操作辦法（試行）〉的公告》（國家稅務總局

公告2018年第60號）第十五條的規定，納稅人享受住房租金專項附加扣除，應當填報主要工作城市、租賃住房坐落地址、出租人姓名及身分證件類型和號碼或者出租方單位名稱及納稅人識別號（社會統一信用代碼）、租賃起止時間等信息。留存備查的住房租賃合同或協議，並無統一的模板要求，納稅人應參照以上規定，簽訂真實的租賃合同或協議，完整披露以上信息。

問三：丈夫張某在成都工作且租房，妻子李某在上海工作且租房，夫妻雙方在成都和上海均無自有住房，怎麼扣除？

答：夫妻雙方主要工作城市不相同的，且雙方在各自及配偶主要工作城市都沒有住房的，可以分別扣除住房租金支出。所以，丈夫張某和妻子李某每月可分別扣除1,500元。

問四：員工宿舍可以扣除嗎？

答：如果本人不付費，不得扣除。如果本人付費，可以扣除。

問五：某些行業員工流動性比較大，一年換幾個城市租賃住房，或者該年度內一直外派並在當地租房子，是否享受該項專項附加扣除？

答：企業為外派員工解決了住宿問題的，不應扣除住房租金。外派員工自行解決租房問題的，而且一年內

多次變換工作地點的，個人應及時向扣繳義務人或者稅務機關更新專項附加扣除相關信息，允許一年內按照更換工作地點的情況分別進行扣除。

問六：個人的工作城市與實際租賃房屋地不一致，是否符合扣除住房租賃支出條件？

答：納稅人在主要工作城市沒有自有住房而實際租房發生的住房租金支出，可以按照實際工作地城市的標準定額扣除住房租金。

問七：納稅人公司所在地為樂山，被派往分公司成都工作。納稅人及其配偶在成都都沒有住房，由於工作原因在成都租房，納稅人是否可以享受住房租金扣除項目？按照哪個城市的標準扣除？

答：符合條件的納稅人在主要工作地租房的支出可以享受住房租金扣除。主要工作地指的是納稅人的任職受雇所在地，如果任職受雇所在地與實際工作地不符的，以實際工作地為主要工作城市。按照納稅人陳述的情形，納稅人當前的實際工作地（主要工作地）是成都市，應當按照成都市的標準享受住房租金扣除。

問八：主要工作地在成都，在資陽租房居住，應當按成都還是資陽的標準享受住房租金扣除？

答：如成都是納稅人當前的主要工作地，應當按成都的標準享受住房租金扣除。

第二章 個人所得稅專項附加扣除

(三) 填表樣例 (表 2-5)

表 2-5 專項附加扣除信息採集表－住房租金支出

政策適用條件：
1. 本人及配偶在主要工作城市無自有住房。
2. 本人及配偶扣除年度未享受過住房貸款利息支出扣除；
3. 本人及配偶主要工作城市相同的，該扣除年度配偶年度適用政策納稅人為本頁，否則可能導致重複用請填寫本頁，影響個人納稅信用甚至違反稅收法律。

不符合上述條件者請勿填寫本頁，否則可能導致政策適用失敗，無法享受政策。
已填寫住房貸款利息支出信息的請勿填寫本頁，否則可能導致個人失信，無法享受政策。

序號	*主要工作省份	*主要工作城市	出租方信息			住房		
			*類型	*出租方姓名(組織名稱)	出租方證件類型	*身分證件號碼(統一社會信用代碼)	*住房坐落地址	住房租賃合同編號	*租賃信息 租賃期起	*租賃期止

填表說明 | 選擇（出租方所在的省） | (在扣繳義務人處辦理專項扣除的，填寫單位所在的城市) | 選擇「個人組織」，若類型為個人的選擇「個人」，輸入個人的姓名，若類型為組織的選擇「組織」，輸入組織名稱 | 若類型為個人，則輸入個人的姓名，若類型為組織的輸入組織名稱 | 選擇：居民身分證/中國護照/港澳居民來往內地通行證/臺灣居民來往大陸通行證/外國人永久居留身分證/外國人工作許可證(A類、B類、C類)/其他個人證件 | 若證件類型為個人，則輸入身分證件號碼(若身分證件類型為居民身分證，請輸入15位或18位身分證件號碼)；若類型為組織，則輸入統一社會信用代碼 | 請填寫房屋的詳細地址，如：×省×市×區(縣)×棟×單元×號 | 填寫住房租賃合同編號(非必填) | 格式為：年-月，如：2019-01(不同住房的房租金信息起止不允許交叉) | 格式為：年-月，如：2019-01(不同住房的房租金信息起止不允許交叉) |

例：自然人謝某某未婚，在主要工作城市成都市成都無房，2018年12月在武侯區租房一套，簽訂合同承租人為謝某某，出租方為某公司。

序號	*主要工作省份	*主要工作城市	出租方信息				住房坐落地址	住房租賃合同編號	*租賃信息		
			*類型	*出租方姓名(組織名稱)	出租方證件類型	*身分證件號碼(統一社會信用代碼)				*租賃期起	*租賃期止
1	四川省	成都市	組織	成都房多多有限責任公司		91510100000000000E	四川省成都市武侯區文化路168號文化小區1-2-202		2018-12	2019-12
2										

87

六、贍養老人

(一) 政策解讀

扣除主體：

贍養 60 週歲（含）以上父母以及其他法定贍養人的納稅人。

扣除標準：

獨生子女：每年 24,000 元（每月 2,000 元）的標準定額扣除；

非獨生子女：與兄弟姐妹分攤每年 24,000 元（每月 2,000 元）的扣除額度。

分攤方式：

（1）由贍養人均攤；

（2）由贍養人約定分攤；

（3）由被贍養人指定分攤。

指定分攤優先於約定分攤。

每人分攤的額度不能超過每月 1,000 元。

約定或者指定分攤的需簽訂書面分攤協議。

具體分攤方式和額度一旦確定，在一個納稅年度內不能變更。

扣除起止時間：

被贍養人年滿 60 週歲的當月至贍養義務終止的年末。

留存資料：

分攤協議。

特別規定：

子女均已去世的年滿 60 週歲（含）的祖父母、外祖父母的贍養支出，可以由其孫子女、外孫子女稅前扣除。

（二）常見問題

基礎篇：

問一：指定分攤與約定分攤不一致如何處理？

答：指定分攤與約定分攤不一致的，以指定分攤為準。

問二：被贍養老人扣除要滿足什麼條件？

答：首先，被贍養人需年滿 60 週歲（含），且需為納稅人的父母。如親生父母均已去世，納稅人贍養自己的養父母或者繼父母，也可以享受扣除。納稅人贍養子女都已去世的（年滿 60 週歲的）祖父母、外祖父母的，也可以辦理扣除。

問三：贍養岳父岳母或公婆的費用是否可以享受個人所得稅附加扣除？

答：不可以。被贍養人是指年滿60週歲（含）的父母，以及其子女均已去世的年滿60週歲（含）的祖父母、外祖父母。

問四：贍養老人的分攤扣除，是否需要向稅務機關報送協議？

答：根據《國家稅務總局關於發布〈個人所得稅專項附加扣除操作辦法（試行）〉的公告》（2018年第60號）第十六條的規定，納稅人約定或指定分攤的書面分攤協議等資料需要留存備查。

升級篇：

問一：贍養老人的子女如何對費用進行分攤？

答：贍養老人專項附加扣除的分攤方式包括由贍養人均攤或約定分攤，也可以由被贍養人指定分攤。採取指定分攤或者約定分攤方式的，需簽訂書面分攤協議。不管選擇哪種分攤方式，每個人扣除的額度都不能超過1,000元。比如，甲、乙、丙、丁四兄妹選擇均攤，則扣除標準為每月每人500元。如甲、乙、丙、丁四兄妹選擇約定分攤，可約定為每月按甲1,000元、乙800元、丙200元、丁0元扣除。總之，總額不超過2,000元，人均

第二章 個人所得稅專項附加扣除

不超過 1,000 元。

問二：在多子女情況下，存在子女中只有 1 人工作，而其他子女未成年或喪失勞動力的情況，有工作的 1 個子女也只能按 1,000 元/月扣除嗎？

答：是的。按照目前政策規定，非獨生子女，最多只能扣除 1,000 元/月。

問三：某自然人同時贍養 2 個及以上老人，是否按老人人數加倍扣除？

答：否。如同時贍養 2 個及以上老人，獨生子女按每月 2,000 元扣除，非獨生子女每人每月最多扣除 1,000 元。

問四：獨生子女家庭父母離異後再婚的，如何享受贍養老人專項附加扣除？

答：對於獨生子女家庭父母離異後重新組建家庭的，在新組建的兩個家庭中，只要父母中一方沒有納稅人以外的其他子女進行贍養，則納稅人可以按照獨生子女標準享受每月 2,000 元贍養老人專項附加扣除。除上述情形外，不能按照獨生子女享受扣除。在填寫專項附加扣除信息表時，納稅人需註明與被贍養人的關係。

問五：生父母有兩個子女，將其中一個過繼給養父母，養父母家沒有其他子女，被過繼的子女屬於獨生子

女嗎？留在原家庭的孩子，屬於獨生子女嗎？

答：被過繼的子女，在新家庭中屬於獨生子女。留在原家庭的孩子，如沒有兄弟姐妹與其一起承擔贍養生父母的義務，也可以按照獨生子女標準享受扣除。

問六：非獨生子女的兄弟姐妹都已去世，是否可以按獨生子女贍養老人扣除2,000元/月？

答：在一個納稅年度內，如納稅人的其他兄弟姐妹均已去世，其可在第二年按照獨生子女贍養老人標準2,000元/月扣除。如納稅人的兄弟姐妹在2019年1月1日以前均已去世，則選擇按「獨生子女」身分享受贍養老人扣除標準；如納稅人已按「非獨生子女」身分填報，可修改已申報信息，1月按非獨生子女身分扣除而少享受的部分，可以在下月領工資時補扣除。

問七：子女均已去世的年滿60週歲（含）的祖父母、外祖父母，其孫子女、外孫子女能否按照獨生子女扣除，如何判斷？

答：只要祖父母、外祖父母中的任何一方沒有納稅人以外的其他孫子女、外孫子女共同贍養，則納稅人可以按照獨生子女扣除。如果還有其他的孫子女、外孫子女與納稅人共同贍養其祖父母、外祖父母，則納稅人不能按照獨生子女扣除。

第二章 個人所得稅專項附加扣除

(三) 填表樣例

表 2-6

專項附加扣除信息採集表－贍養老人支出

政策適用條件：
1. 扣除年度有一位被贍養人年滿 60 週歲 (含) (被贍養人包括：①父母；②子女均已去世的祖父母或外祖父母)。
2. 納稅人為非獨生子女，且屬於贍養人約定分攤或被贍養人指定分攤的，需已經簽訂書面分攤協議。

不符合上述條件者請勿填寫本頁，否則可能導致政策適用錯誤，影響個人納稅信用，反違反稅收法律。

*是否獨生子女	選擇：是/否	*分攤方式	選擇：贍養人平均分攤/贍養人約定分攤/被贍養人指定分攤	*本年度月扣除金額	獨生子女默認為 2,000 元，不可修改；非獨生子女每人不得超過 1,000 元

被贍養人信息

序號	*姓名	*身分證件類型	*身分證件號碼	*國籍 (地區)	*關係	*出生日期
填表說明	填寫被贍養人名	選擇：居民身分證/中國護照/港澳居民來往內地通行證/港澳居民身分證/臺灣居民來往大陸通行證/臺灣居民居住證/外國護照/外國人永久居留身分證/外國人工作許可證 (A 類、B 類、C 類)/其他個人證件	輸入人身分證件號碼 (若身分證件類型為居民身分證，請輸入 15 位或 18 位身分證件號碼)	選擇：國籍 (地區) 名稱	選擇：父母/其他	格式為：年-月-日，如：1954-01-02

共同贍養人信息

序號	姓名	身分證件類型	身分證件號碼	國籍 (地區)
填表說明	填寫共同贍養人姓名	選擇：居民身分證/中國護照/港澳居民來往內地通行證/港澳居民身分證/臺灣居民來往大陸通行證/臺灣居民居住證/外國護照/外國人永久居留身分證/外國人工作許可證 (A 類、B 類、C 類)/其他個人證件	輸入人身分證件號碼 (若身分證件類型為居民身分證，請輸入 15 位或 18 位身分證件號碼)	選擇：國籍 (地區) 名稱

表2-6（續）

例：自然人謝某，父親已年滿60週歲，身體健康。非獨生子女，有一弟弟。贍養老人支出經與弟弟協商，選擇平攤扣除。

*是否獨生子女	否	*分攤方式	贍養平均分攤	*本年度月扣除金額	1,000元

被贍養人信息

序號	*姓名	*身分證件類型	*身分證件號碼	*國籍（地區）	*關係	*出生日期
1	謝某父	居民身分證	510100195401010000	中國	父母	1954-01-01
2						

共同贍養人信息

序號	姓名	身分證件類型	身分證件號碼	國籍（地區）	—	—
1	謝某弟	居民身分證	510100198006060000	中國	—	—
2					—	—

（四）約定分攤協議模板

根據規定，非獨生子女贍養老人支出，與兄弟姐妹分攤每年24,000元（每月2,000元）的扣除額度。分攤方式包括：由贍養人均攤、由贍養人約定分攤、由被贍養人指定分攤。約定或者指定分攤的需簽訂書面分攤協議。現提供約定分攤協議模板，僅供參考。

個人所得稅贍養老人專項扣除約定分攤協議

贍養人：
  姓名：_____ 身分證號碼：_____
  姓名：_____ 身分證號碼：_____
  姓名：_____ 身分證號碼：_____
  姓名：_____ 身分證號碼：_____

被贍養人：
  姓名：_____ 身分證號碼：_____
  與贍養人關係：_____
  姓名：_____ 身分證號碼：_____
  與贍養人關係：_____

根據國稅發〔2018〕41號及相關稅收法律法規的規定，非獨生子女贍養人各方就個人所得稅贍養老人專項附加扣除事項，經協商，自願達成如下協議：

1. 贍養人就贍養老人專項附加扣除採用按年分攤，分攤方式選擇約定分攤。

2. 贍養人按照協議有效期內稅法規定的年度定額約

定分攤比例及額度：

贍養人____,分攤比例_____%,分攤額度_____元；

贍養人____,分攤比例_____%,分攤額度_____元；

贍養人____,分攤比例_____%,分攤額度_____元；

贍養人____,分攤比例_____%,分攤額度_____元。

3.本協議有效期自　年　月　日至　年　月　日。

4.本協議簽訂後，一個納稅年度內不予變更。如需變更，在下一年度重新約定。

5.本協議僅用於贍養老人專項附加扣除分攤約定，不構成贍養人各方對贍養老人的其他約定。

6.本協議未盡事宜，由贍養人各方自行協商解決。

7.本協議一式　　份，贍養人各存一份，簽字有效。

贍養人簽字：

簽訂時間：　　年　月　日

七、申報常見問題

（一）資料填報

問一： 納稅人怎麼提供專項附加扣除信息數據？網站還是現場提交？

答： 納稅人可以通過遠程辦稅端（手機 App、web 網頁、電子稅務局）、電子或者紙質報表向扣繳義務人或者主管稅務機關報送個人專項附加扣除信息。扣繳義務人

第二章　個人所得稅專項附加扣除

和稅務機關鼓勵並引導納稅人採用遠程辦稅端報送信息。

問二：納稅人通過電子模版方式報送給扣繳義務人相關專項附加扣除信息，是否需要打印下來讓員工簽字？

答：需要。納稅人通過填寫電子模板直接報送扣繳義務人的，打印《個人所得稅專項附加扣除信息表》一式兩份，納稅人和扣繳義務人應簽字（蓋章）後分別留存備查。

問三：自然人申報管理系統申報密碼在哪裡獲取？申報密碼忘記時如何處理？

答：扣繳客戶端的申報密碼在企業第一次申報時可自行設置，也可從大廳獲取密碼，如忘記密碼，需到大廳進行密碼重置。

使用手機 App 和網頁 web 端的納稅人忘記密碼時，可點擊登錄頁面【找回密碼】功能，通過身分證號碼和預留手機號進行重置。若遇特殊情況無法找回密碼的，請攜帶有效身分證件至附近辦稅服務廳進行密碼重置。

問四：請問企業是否要留存員工個人所得稅專項扣除的資料？

答：納稅人通過填寫電子或者紙質「扣除信息表」直接報送扣繳義務人的，扣繳義務人將相關信息導入或者錄入扣繳端軟件，並在次月辦理扣繳申報時提交給主管稅務機關。「扣除信息表」應當一式兩份，納稅人和扣繳義務人簽字（蓋章）後分別留存備查。納稅人辦理專項附加扣除的其他有關資料，由納稅人留存備查。

問五：員工提供的信息，企業怎麼核實？

答：扣繳義務人根據其所掌握信息，發現納稅人提供的信息與實際情況不符的，可以要求納稅人修改。納稅人拒絕修改的，扣繳義務人應當向主管稅務機關報告，稅務機關應當及時處理。

問六：納稅人可以不提供專項附加扣除資料給企業，到時自行申報扣除嗎？

答：納稅人可以通過遠程辦稅端、電子或者紙質報表等方式向扣繳義務人或者主管稅務機關報送個人專項附加扣除信息。納稅人既可以選擇納稅年度內由扣繳義務人辦理專項附加扣除，也可以選擇年度終了後向稅務機關辦理匯算清繳申報時享受專項附加扣除。

（二）個人所得稅 App

問一：個人所得稅 App 進不去怎麼辦？

答：一般而言，個人所得稅 App 進不去是因為網絡連接異常或所連接的服務正在停機維護。請先驗證手機是否能正常上網。如果能正常訪問其他網上信息，那麼很可能是個人所得稅 App 服務器正在停機維護。

問二：個人所得稅 App 系統如何下載？

答：目前提供以下下載渠道：

（1）蘋果手機可在 App Store 中搜索「個人所得稅」，點「獲取」進行下載。

（2）安卓終端應用：①可登錄各省電子稅務局，進

第二章　個人所得稅專項附加扣除

行手機 App 掃碼下載。②各大手機應用市場。目前已經在華為、小米、VIVO、OPPO 等應用市場上架，應用名為「個人所得稅」。

問三：個人所得稅 App 如何進行註冊等操作？

答：當前，個人所得稅 App 支持以下兩種註冊模式：

（1）人臉識別認證註冊模式（此模式只支持中國大陸居民），即通過輸入居民身分證號碼和姓名，然後連接公安系統動態人臉識別，驗證通過後再填寫帳號和手機號碼，短信驗證通過後完成註冊。

（2）大廳註冊碼註冊模式，即納稅人到任一辦稅服務大廳，經辦稅服務廳人員驗證人、證一致後，登記個人證件信息並派發註冊碼。納稅人再選擇此模式，輸入註冊碼、證件類型、證件號碼和姓名等信息，驗證通過後再填寫帳號和手機號碼，短信驗證通過後完成註冊。

問四：App 端如何錄入個人專項附加扣除信息？

答：第一步，實名註冊稅務機關於 2019 年 1 月 1 日起正式發布的遠程辦稅端。遠程辦稅端，主要包括國家稅務總局發布的手機 App「個人所得稅」和各省電子局域網站。大家只需要下載「個人所得稅」App，通過實名註冊，獲取登錄用戶名和密碼，進入軟件操作界面，就可以看到專項附加扣除信息的填報界面了。

第二步，填寫個人所得稅專項附加扣除信息表。當完成「個人所得稅」App 實名註冊後，您可以按照如下步驟填報專項附加扣除信息：

（1）首頁選擇「我要填報專項附加扣除」；

（2）填寫或確認基本信息；

（3）填寫專項扣除信息；

（4）填寫其他信息。

第三步，選擇申報方式並提交個人所得稅專項附加扣除信息。

申報方式包括綜合所得年度自行申報、通過扣繳義務人申報。

（1）納稅人選擇申報方式為「綜合所得年度自行申報」，則直接向稅務機關提交信息，在年度自行申報時才能享受扣除，扣繳單位無法獲取到該種申報方式的專項附加扣除信息。

（2）納稅人選擇申報方式為「通過扣繳義務人申報」，則單位在使用扣繳端軟件時，在「專項附加扣除信息採集」模塊，選擇需要同步的專項項目，點擊【更新】按鈕，可以獲取選擇企業扣繳申報的員工的專項附加扣除信息。這種方式下，納稅人可以在預扣預繳期間享受扣除。

（三）電子模板

問一：如何獲取個人所得稅專項附加扣除電子模板？

答：可以從各地稅務機關的門戶網站下載，或者登錄自然人稅收管理系統扣繳客戶端，進入專項附加扣除信息採集菜單，選擇其中的任意一項專項附加扣除入口，點擊【導入】按鈕，選擇模板下載，即可下載最新的電子模板。

第二章　個人所得稅專項附加扣除

問二：個人需要向誰提交電子模板？

答：取得工資薪金所得的個人，在填寫專項附加扣除電子模板後，可以及時提交給扣繳義務人，由其在辦理工資薪金所得個人所得稅扣繳時，依據納稅人提供的專項附加扣除信息辦理稅前扣除。

問三：個人何時向扣繳義務人提供電子模板？

答：個人在扣繳義務人發放工資薪金並計提個人所得稅前，向扣繳義務人填報專項附加扣除電子模板，由扣繳義務人用於計提工資薪金所得個人所得稅。

問四：是否需要每月向扣繳單位填報電子模板？

答：個人專項附加扣除信息未變化的，每個扣除年度只需向扣繳義務人提供一次專項附加扣除信息即可，無須按月提供。

問五：是否只有在年底前向扣繳義務人提供電子模板才能在次年充分享受專項附加扣除？

答：個人可以在年底前向扣繳義務人提供次年辦理專項附加扣除的相關信息，也可以在扣除年度中的任意時點向扣繳義務人提供專項附加扣除的相關信息。扣繳義務人在扣繳個人工資薪金所得個人所得稅時，可以按照截止到當前月份的專項附加扣除累計可扣除額計算應扣個人所得稅，亦即在扣除年度內可以追溯扣除，使個人充分享受專項附加扣除的利益。比如，張先生的小孩在2018年11月已經年滿3週歲，在2019年3月1日將子女教育扣除信息報送扣繳單位，子女教育每月可扣除金

101

額為 1,000 元，則扣繳單位可在 3 月 8 日發放工資時，計算張先生的子女教育的累計可扣除金額為 3,000 元，並在當前月份稅前扣除。

問六：填寫了電子模板，但未享受到專項附加扣除是什麼原因？

答：可能存在以下原因：一是個人信息填寫不規範，導致信息採集失敗；二是個人填寫的個人基礎信息與此前扣繳義務人採集的基礎信息不一致，導致專項附加扣除信息採集失敗；三是由於政策理解問題，個人提供的情況不在可扣除的範圍之內；四是電子模板提交時間晚於扣繳義務人計提工資薪金所得個人所得稅時間，在當月未及時辦理扣除；五是扣繳義務人操作有誤，未準確獲取及計算填寫可扣除額。

問七：專項附加扣除信息表導入時提示「納稅人信息在系統中不存在，無法導入」，怎麼辦？

答：專項附加扣除信息表中的人員信息必須提前在人員信息採集處進行採集，才能導入專項附加扣除信息。請先通過人員信息採集導入相關人員信息後，再導入專項附加扣除信息。

問八：在某個專項附加扣除界面批量導入 16 個模板後，只顯示 13 條信息，是什麼原因？

答：扣繳客戶端在一個專項附加扣除界面可以導入全部專項附加扣除信息，導入完成後，該項專項附加扣除頁面只顯示有該項專項附加扣除人員的信息。無此項

第二章　個人所得稅專項附加扣除

專項附加扣除的人員信息不在此顯示，可通過其他專項扣除菜單查看其他人員專項附加扣除信息。

問九：部分電子模板會讀取失敗，如何處理？

答：常見情況有以下幾種：

（1）部分可能是因為填寫不規範，建議按照導入時客戶端反饋的導入失敗提示信息修正後，重新執行導入；

（2）部分可能是因為電子模板文件格式兼容性造成，建議在執行導入的電腦上用 EXCEL 打開導入失敗文件，然後保存為 XLS 或 XLSX 格式後，重新執行導入；

（3）部分可能是因為電子模板文件損壞，文件打不開，這種情況下只能重新採集數據。

問十：電子模板填報完畢後，扣繳義務人應該如何進行導入操作？

答：扣繳義務人將收集到的電子模板放至指定的文件夾，登錄自然人稅收管理系統扣繳客戶端後，進入專項附加扣除信息採集菜單，選擇其中的任意一項專項附加扣除，點擊【導入】按鈕，選取「導入文件」，選擇對應的文件夾，即可導入相應的電子模板數據。扣繳義務人在導入電子模板時，為提升模板導入以及問題排查效率，需要提醒員工進行規範的文件命名，如：單位名稱+員工姓名+身分證件號碼；人員比較多的單位建議分部門建文件夾；同時，為確保導入模板的成功率，建議限制每個文件夾的文件數量。

問十一：專項附加扣除模板是否可以重複多次導入？

答：可以，不會造成信息重複採集。如果批量導入後，仍有提示導入失敗的模板文件，建議可嘗試再次導入。

（四）其他問題

問一：專項附加扣除文件什麼時候頒布和執行？

答：《個人所得稅專項附加扣除暫行辦法》於 2018 年 12 月 22 日頒布，該辦法自 2019 年 1 月 1 日起施行。

問二：個人月工資收入未到 5,000 元，是否需採集專項附加扣除信息？

答：根據新個人所得稅法，居民個人取得綜合所得，按年計算個人所得稅。居民個人的綜合所得（包含工資薪金所得、勞務報酬所得、稿酬所得、特許權使用費所得四項），以每一納稅年度的收入額減除費用 6 萬元以及專項扣除、專項附加扣除和依法確定的其他扣除後的餘額，為應納稅所得額，適用超額累進稅率計算個人所得稅應納稅額。因此，即使月度工資薪金不到 5,000 元，但如果納稅人判斷自己全年四項綜合所得的合計收入額減除相關扣除後為正值，那麼也應積極採集專項附加扣除。為負值的，可不採集專項附加扣除。

問三：專項附加扣除中，享受扣除應當如何操作？

答：根據國家稅務總局公告 2018 年第 60 號第二十條

的規定，納稅人選擇納稅年度內由扣繳義務人辦理專項附加扣除的，按下列規定辦理：

（1）納稅人通過遠程辦稅端選擇扣繳義務人並報送專項附加扣除信息的，扣繳義務人根據接收的扣除信息辦理扣除。

（2）納稅人通過填寫電子或者紙質「扣除信息表」直接報送扣繳義務人的，扣繳義務人將相關信息導入或者錄入扣繳端軟件，並在次月辦理扣繳申報時提交給主管稅務機關。「扣除信息表」應當一式兩份，經納稅人和扣繳義務人簽字（蓋章）後分別留存備查。

第二十一條規定，納稅人選擇年度終了後辦理匯算清繳申報時享受專項附加扣除的，既可以通過遠程辦稅端報送專項附加扣除信息，也可以將電子或者紙質「扣除信息表」（一式兩份）報送給匯繳地主管稅務機關。報送電子「扣除信息表」的，主管稅務機關受理後打印，交由納稅人簽字後，一份由納稅人留存備查，一份由稅務機關留存；報送紙質「扣除信息表」的，納稅人簽字確認、主管稅務機關受理簽章後，一份退還納稅人留存備查，一份由稅務機關留存。

【案例2-1】

自然人稅某某，在成都市某報社工作，其相關信息如下：

（1）2008年與其妻施某某結婚，育有一子。其子稅法法2018年11月已滿3週歲，未入學幼兒園。

(2) 稅某某 2019 年 9 月開始就讀在職研究生，2019 年 6 月取得稅務師證書（證書發證日期為 2019 年 4 月 15 日）。

(3) 2018 年 10 月 1 日，以妻子施某某名義貸款買房一套，經諮詢銀行，確認為首套住房貸款利息支出。

(4) 為方便子女上學，在成都市租房一套，簽訂合同承租人為稅某某。

(5) 父母均已年滿 60 週歲。非獨生子女，其姐姐無工作。

(6) 其妻施某某發生大病醫療支出，扣除醫保報銷後個人負擔（指醫保目錄範圍內的自付部分）4 萬元。

(7) 其妻施某某為獨生子女，其父親已年滿 60 週歲。

稅某某、施某某 2019 年在扣除專項附加扣除前的年應納稅所得額分別為 8 萬元、7.2 萬元，不考慮其他因素。兩人均選擇 2020 年 4 月在年度匯算清繳環節通過手機 App 自行填報專項附加扣除信息。

解：

第一步，判斷是否享受扣除。

(1) 子女教育：其子稅法法已滿 3 週歲但未入學，可享受。由其父母選擇一方扣 100%，或各扣 50%。

(2) 繼續教育：在職研究生屬於學歷（學位）繼續教育，可享受。稅務師證書已取得，可享受。由稅某某扣除。

(3) 大病醫療：符合條件，可扣除超過 1.5 萬元的部分，即 2.5 萬元。

（4）住房貸款利息：確認為首套住房貸款利息支出，可扣除。由貸款人施某某或其配偶稅某某選擇一方扣100%。

（5）住房租金：稅某某的配偶在其主要工作城市成都購有自有住房，視同納稅人稅某某在主要工作城市有自有住房，不能扣除住房租金。

（6）贍養老人：稅某某父母均年滿60週歲，不疊加享受，為非獨生子女，經與其姐姐協商，選擇均攤，扣12,000元/年。施某某為獨生子女，扣24,000元/年。

第二步，計算2019年度扣除額，見表2-7。

表2-7　　　　　　　2019年度扣除額　　　　　單位：元

扣除項目		扣除比例選擇	丈夫扣除金額	妻子扣除金額
子女教育		丈夫扣除100%	12,000	
		妻子扣除100%		12,000
		夫妻各扣50%	6,000	6,000
繼續教育	學歷（學位）繼續教育		1,600	
	專業技術人員職業資格繼續教育		3,600	
住房貸款利息		丈夫扣除100%	12,000	
		妻子扣除100%		12,000
大病醫療		丈夫扣除100%	25,000	
		妻子扣除100%		25,000
贍養老人			12,000	
				24,000

107

根據表 2-7，可以有 12 種扣除方案，見表 2-8。

表 2-8　　　　　12 種扣除方案　　　　　單位：元

12 種方案		丈夫扣除額	妻子扣除額	扣除總額
方案 1	子女教育夫扣 100%，住房貸款利息夫扣 100%，大病醫療夫扣 100%	66,200	24,000	90,200
方案 2	子女教育夫扣 100%，住房貸款利息夫扣 100%，大病醫療妻扣 100%	41,200	49,000	
方案 3	子女教育夫扣 100%，住房貸款利息妻扣 100%，大病醫療夫扣 100%	54,200	36,000	
方案 4	子女教育夫扣 100%，住房貸款利息妻扣 100%，大病醫療妻扣 100%	29,200	61,000	
方案 5	子女教育妻扣 100%，住房貸款利息夫扣 100%，大病醫療夫扣 100%	54,200	36,000	
方案 6	子女教育妻扣 100%，住房貸款利息夫扣 100%，大病醫療妻扣 100%	29,200	61,000	
方案 7	子女教育妻扣 100%，住房貸款利息妻扣 100%，大病醫療夫扣 100%	42,200	48,000	
方案 8	子女教育妻扣 100%，住房貸款利息妻扣 100%，大病醫療妻扣 100%	17,200	73,000	
方案 9	子女教育夫妻各扣 50%，住房貸款利息夫扣 100%，大病醫療夫扣 100%	60,200	30,000	
方案 10	子女教育夫妻各扣 50%，住房貸款利息夫扣 100%，大病醫療妻扣 100%	35,200	55,000	
方案 11	子女教育夫妻各扣 50%，住房貸款利息妻扣 100%，大病醫療夫扣 100%	48,200	42,000	
方案 12	子女教育夫妻各扣 50%，住房貸款利息妻扣 100%，大病醫療妻扣 100%	23,200	67,000	

第三步，計算應納稅額，見表 2-9。

表 2-9　　　　　　　　　12 種納稅方案　　　　　　　　單位：元

12 種方案	稅某某應納稅所得額	施某某應納稅所得額	稅某某應納稅額	施某某應納稅額	總稅額
方案 1	13,800	48,000	414	2,280	2,694
方案 2	38,800	23,000	1,360	690	2,050
方案 3	25,800	36,000	774	1,080	1,854
方案 4	50,800	11,000	2,560	330	2,890
方案 5	25,800	36,000	774	1,080	1,854
方案 6	50,800	11,000	2,560	330	2,890
方案 7	37,800	24,000	1,260	720	1,980
方案 8	62,800	-1,000	3,760	0	3,760
方案 9	19,800	42,000	594	1,680	2,274
方案 10	44,800	17,000	1,960	510	2,470
方案 11	31,800	30,000	954	900	1,854
方案 12	56,800	5,000	3,160	150	3,310

綜上，選擇方案 3、方案 5、方案 11，稅某某和施某某的合計總稅額均為 1,854 元，是最少的。與方案 8 相比，總稅額減少了 1,906 元，節稅超過 50%。

建議各位納稅人第一年盡量選擇在年度匯算清繳期，估算自己及配偶的年度總收入後，合理分配專項附加扣除比例，降低夫妻雙方總稅負。**建議**選擇手機 App 填報，不用保存專項附加扣除信息採集表紙質表格 5 年，方便又省事。

最後，提醒大家：因為六個專項附加扣除涉及夫妻、兄弟姐妹等關係，請需要享受專項附加扣除的納稅人一定要提前做好溝通，避免出現一項扣除重複享受的情況！

第三章
個人所得稅其他扣除

要點提示：

　　新《個人所得稅法》第六條規定：「居民個人的綜合所得，以每一納稅年度的收入額減除費用六萬元以及專項扣除、專項附加扣除和依法確定的其他扣除後的餘額，為應納稅所得額。」同時《實施條例》明確規定：「其他扣除，包括個人繳付符合國家規定的企業年金、職業年金，個人購買符合國家規定的商業健康保險、稅收遞延型商業養老保險的支出，以及國務院規定可以扣除的其他項目。」本章將對目前涉及的三個其他扣除項目進行解讀。

第三章　個人所得稅其他扣除

第一節　企業年金、職業年金

一、出抬背景

為加快發展企業年金、職業年金、商業保險，構建多層次社會保障體系，2013 年，財政部、人力資源社會保障部、國家稅務總局研究出抬了促進企業年金和職業年金發展的個人所得稅遞延納稅政策。

二、相關文件

《財政部 人力資源社會保障部 國家稅務總局關於企業年金 職業年金個人所得稅有關問題的通知》（財稅〔2013〕103 號）

三、什麼是企業年金、職業年金

中國養老保險體系主要包括基本養老保險、補充養老保險和個人儲蓄性養老保險三個層次，其中，補充養老保險包括企業年金和職業年金。企業年金主要針對企業，是指根據《企業年金試行辦法》（原勞動和社會保障部令第 20 號）等國家相關政策規定，企業及其職工在依

法參加基本養老保險的基礎上，自願建立的補充養老保險制度。職業年金主要針對事業單位，是指根據《事業單位職業年金試行辦法》（國辦發〔2011〕37號）等國家相關政策規定，事業單位及其職工在依法參加基本養老保險的基礎上，建立的補充養老保險制度。

四、企業年金（職業年金）個人所得稅政策和徵管操作

(一) 基本政策規定

1. 年金繳費環節

對單位根據國家有關政策規定為職工支付的企業年金或職業年金繳費，在計入個人帳戶時，個人暫不繳納個人所得稅。

個人根據國家有關政策規定繳付的年金個人繳費部分，在不超過本人繳費工資計稅基數 4% 標準內的部分，暫從個人當期的應納稅所得額中扣除。

超過規定標準繳付的年金單位繳費和個人繳費部分，應並入個人當期的工資薪金所得，依法計徵個人所得稅。稅款由建立年金的單位代扣代繳，並向主管稅務機關申報解繳。

【案例 3-1】

2019 年 2 月，王某年金個人繳費部分 180 元，符合

規定的本人繳費工資計稅基數為本人上一年度月平均工資 5,000 元，則稅前扣除限額為 5,000×4% = 200 元，個人繳費 180 元可全額從應納稅所得額中扣除。

2. 年金基金投資環節

企業年金或職業年金基金投資營運收益分配計入個人帳戶時，暫不徵收個人所得稅。

3. 年金領取環節

個人達到國家規定的退休年齡後領取的企業年金或職業年金，按照「工資薪金所得」項目適用的稅率，計徵個人所得稅。

(二) 具體申報處理

企業年金、職業年金所涉及納稅義務主要集中在繳費和領取兩個環節。在年金繳費環節，由個人所在單位在其繳費時，對超出免稅標準的部分隨同當月工資薪金所得一併計算代扣個人所得稅，並向其所在單位主管稅務機關申報繳納；在年金領取環節，由託管人在為個人支付年金待遇時，根據個人當月取得的年金所得、往期繳費及納稅情況計算扣繳個人所得稅，並向託管人主管稅務機關申報繳納。具體計算方法：個人達到國家規定的退休年齡，自 2014 年 1 月 1 日起，按月領取的年金 (按年或按季領取的年金平均分攤計入各月)，每月領取額全額按照「工資薪金所得」項目適用的稅率，計徵個人所得稅。

上述單位申報納稅時，要根據年金所得扣繳個人所得稅情況填製「扣繳個人所得稅報告表」，並通過網絡、上門、介質等方式，向主管稅務機關辦理代扣代繳明細申報。

（三）相關規定

對單位和個人在 2014 年 1 月 1 日前開始繳付年金繳費，個人在 2014 年 1 月 1 日後領取年金的，允許其從領取的年金中減除 2014 年 1 月 1 日前繳付的年金單位繳費和個人繳費且已經繳納個人所得稅的部分，就其餘額徵稅。在個人分期領取年金的情況下，可按 2014 年 1 月 1 日前繳付的年金繳費金額佔全部繳費金額的百分比減除當期的應納稅所得額，減除後的餘額，計算繳納個人所得稅。

對個人因出境定居而一次性領取的年金個人帳戶資金，或個人死亡後，其指定的受益人或法定繼承人一次性領取的年金個人帳戶餘額，允許領取人將一次性領取的年金個人帳戶資金或餘額按 12 個月分攤到每個月，就其每月分攤額，按規定計算繳納個人所得稅。個人除上述特殊原因外一次性領取年金個人帳戶資金或餘額的，則不允許採取分攤的方法，而是就其一次性領取的總額，單獨作為一個月的工資薪金所得，按規定計算繳納個人所得稅。

第二節　商業健康保險[①]

一、出抬背景

商業健康保險是醫療保障「第三支柱」的重要組成部分，能夠覆蓋基本醫療保險和補充醫療保險的空白地帶，成為二者的有效補充。為充分體現國家政策導向，助力加快構建中國多層次醫療保險體系，2016年1月1日起，在成都等31個地區（城市）開展商業健康險個人所得稅政策試點；2017年7月1日起，試點政策推廣到全國實施。

二、相關文件

《財政部 稅務總局 保監會關於將商業健康保險個人所得稅試點政策推廣到全國範圍實施的通知》（財稅〔2017〕39號）

《國家稅務總局關於推廣實施商業健康保險個人所得稅政策有關徵管問題的公告》（總局公告2017年17號）

---

① 註：該部分內容根據新法修正前政策編寫。如國家有新的文件規定，從其規定。

三、什麼是商業健康險

(一) 概念

以被保險人的身體狀況為保險標的，保證被保險人因疾病、意外事故所致傷害時，對其直接費用、間接損失進行補償，賠付一定醫療費用的保險產品。

(二) 商業健康險的主要險種

（1）疾病保險（主要針對重大疾病的保險）；

（2）醫療保險（包括一般疾病和重大疾病的保險，範圍較寬）；

（3）收入保障保險（指個人因意外傷害、疾病導致收入中斷或減少為給付保險金條件的保險）；

（4）長期看護保險（指對喪失生活能力人或老人的護理保障和經濟賠償的保險）。

目前，給予稅收優惠政策的商業健康險，主要涵蓋疾病保險、醫療保險兩部分。

(三) 商業健康險的性質

商業健康險遵循「保障為主、合理定價、收支平衡、保本微利」的原則，符合稅收政策規定的「商業健康險是保本微利、惠及民生的特殊設計的保險產品」的要求，具有一定的社會半公益產品性質。

四、商業健康險個人所得稅政策和徵管操作

(一) 基本政策規定

個人購買符合規定的商業健康保險產品，可以按照 2,400 元/年（200 元/月）的標準在稅前扣除。

單位統一為員工購買的商業健康險，視同個人購買，按照單位為每一員工購買的保險金額分別計入其工資薪金，並在 2,400 元/年（200 元/月）的標準內按月稅前扣除。

【案例 3-2】

（1）李某購買一款符合條件的商業健康保險，全年共計支付 3,000 元，那麼他當年最多可在稅前扣除 2,400 元（200 元/月）。

（2）王某同樣購買一款符合條件的商業健康保險，全年共計支付 2,000 元，那麼他只能在稅前扣除 2,000 元（平均每月 166.67 元/月）。

(二) 政策適用人群

1. 具體範圍

（1）取得工資薪金所得、連續性勞務報酬所得的個人；

（2）取得個體工商戶生產經營所得的納稅人；

（3）取得對企事業單位承包承租經營所得的個體工商戶業主；

（4）個人獨資企業投資者、合夥企業合夥人和承包承租經營者。

其中，取得連續性勞務報酬所得的個人，是指連續3個月以上（含3個月）為同一單位提供勞務而取得所得的個人。

2. 限制性規定（稅優識別碼）

符合規定的人群購買符合條件的商業健康保險，必須取得稅優識別碼，才能享受稅收優惠。稅優識別碼是為確保稅收優惠商業健康保險保單唯一性、真實性、有效性，避免納稅人重複購買稅優商業保險產品，由商業健康保險信息平臺按照「一人一單一碼」原則對投保人進行校驗後，下發給保險公司，並在保單憑證上打印的數字識別碼。個人購買商業健康保險但未獲得稅優識別碼，以及購買其他保險產品的，不能享受稅前扣除政策。因此，納稅人要辨別一款保險產品是否可以享受個人所得稅扣除政策，主要看購買時能否取得稅優識別碼。

【案例3-3】

（1）李某沒有上述所得項目，2019年炒股收入10萬元，不能享受此項政策。

（2）張某沒有上述所得項目，2019年取得房租收入30萬元，不能享受此項政策。

（三）具體情況處理

1. 工資薪金和連續性勞務報酬納稅人自行購買保險產品

個人直接購買商業健康險產品，取得稅優識別碼後，應及時向扣繳單位提供保單信息。扣繳義務人應依法為其進行稅前扣除，不能拒絕個人稅前扣除的合理要求。

連續性勞務報酬納稅人是指未與單位簽訂勞動合同，但又在單位連續性工作、有購買健康險意願的個人。在判定上，要看該個人是否連續3個月以上（含3個月）為同一單位提供勞務並取得所得。典型人群：保險行銷員、證券經紀人等。

扣繳義務人在扣除時，應在每月200元限額以內據實從個人應稅收入中減去月保費支出。

對一次躉交一年保費的，應分攤在各個月份，按月扣除。

【案例3-4】

（1）張三購買一年期商業健康險，一次性交費2,200元（平均每月183元），張三及時將保單交給單位財務人員，單位財務計稅時，每月為張三扣除183元。

（2）張三購買一年期商業健康險，一次性交費2,800元（平均每月233元），張三及時將保單交給單位財務人員，單位財務計稅時，每月為張三扣除200元。

2. 單位統一為個人購買商業健康險產品

單位統一為員工購買或者單位和個人共同負擔購買符合規定的商業健康保險產品，應將單位為每一參保員工負擔的金額分別計入其工資薪金，視同個人購買，並自購買產品的次月起，在不超過200元/月的標準內按月扣除。

3. 工資薪金和連續性勞務報酬納稅人的扣繳申報

有扣繳義務人的個人自行購買、單位統一為員工購買或者單位和個人共同負擔購買符合規定的商業健康保險產品，扣繳義務人在填報「扣繳個人所得稅報告表」或「特定行業個人所得稅年度申報表」時，應將當期扣除的個人購買商業健康保險支出金額填至申報表「稅前扣除項目」的「其他」列中（需註明商業健康保險扣除金額），並同時填報「商業健康保險稅前扣除情況明細表」。

4. 個體工商戶

（1）查帳徵稅的個體工商戶業主、企事業單位承包承租經營者、個人獨資和合夥企業投資者自行購買符合條件的商業健康保險產品的，在不超過2,400元/年的標準內據實扣除。

（2）核定徵收的個體工商戶業主、企事業單位承包承租經營者、個人獨資和合夥企業投資者，向主管稅務機關報送「商業健康保險稅前扣除情況明細表」，由主管稅務機關按程序相應調減其應納稅所得額或應納稅額。

（3）個體戶、個人獨資合夥企業的員工購買商業健康保險產品，其享受優惠的流程與企事業單位一樣。

5. 個體工商戶購買商業健康險的申報

個體工商戶業主、個人獨資企業投資者、合夥企業個人合夥人和企事業單位承包承租經營者購買符合規定的商業健康保險產品，在年度申報時填報「個人所得稅生產經營所得納稅申報表（B表）」並享受商業健康保險稅前扣除政策，將商業健康保險稅前扣除金額填至「允許扣除的其他費用」行（需註明商業健康保險扣除金額），同時填報「商業健康保險稅前扣除情況明細表」。

（四）相關問題

（1）個人從中國境內兩處以上取得工資薪金所得，且自行購買商業健康保險的，只能選擇在其中一處扣除。

（2）個人購買符合規定的商業健康保險產品，保險期滿後未續保或退保的，應於未續保或退保的當月告知扣繳義務人終止稅前扣除。

（3）實行核定徵收的個體工商戶業主、企事業單位承包承租經營者、個人獨資和合夥企業投資者購買商業健康保險，保險期滿後未續保或退保的，應及時告知主管稅務機關，終止享受稅收優惠。

第三節　個人稅收遞延型商業養老保險[①]

一、出抬背景

為推進多層次養老保險體系建設，對支持發展養老保險第三支柱進行有益探索，財政部、稅務總局等部門發文規定自 2018 年 5 月 1 日起，在上海市、福建省（含廈門市）和蘇州工業園區實施個人稅收遞延型商業養老保險試點，試點有效期 1 年。

二、相關文件

《財政部 稅務總局 人力資源社會保障部 中國銀行保險監督管理委員會 證監會關於開展個人稅收遞延型商業養老保險試點的通知》（財稅〔2018〕22 號）

《國家稅務總局關於開展個人稅收遞延型商業養老保險試點有關徵管問題的公告》（總局公告 2018 年第 21 號）

---

① 註：該部分內容根據新法修正前政策編寫。如國家有新的文件規定，從其規定。

三、什麼是個人稅收遞延型商業養老保險

個人稅收遞延型商業養老保險產品按穩健型產品為主、風險型產品為輔的原則選擇，採取名錄方式確定。試點期間產品是指由保險公司開發，符合「收益穩健、長期鎖定、終身領取、精算平衡」原則，滿足參保人對養老帳戶資金安全性、收益性和長期性管理要求的商業養老保險產品。具體稅收遞延型商業養老保險產品指引由中國銀行保險監督管理委員會提出，商財政部、人社部、稅務總局後發布。

四、稅收遞延型商業養老保險個人所得稅政策和徵管操作

（一）基本政策規定

1. 購買時稅前扣除

對試點地區個人通過個人商業養老資金帳戶購買符合規定的商業養老保險產品的支出，允許在一定標準內稅前扣除。稅前扣除標準：

（1）取得工資薪金、連續性勞務報酬所得的個人，其繳納的保費準予在申報扣除當月計算應納稅所得額時以限額據實扣除。扣除限額按照當月工資薪金、連續性勞務報酬收入的6%和1,000元孰低辦法確定。

（2）取得個體工商戶生產經營所得、對企事業單位的承包承租經營所得的個體工商戶業主、個人獨資企業投資者、合夥企業自然人合夥人和承包承租經營者，其繳納的保費準予在申報扣除當年計算應納稅所得額時以限額據實扣除。扣除限額按照不超過當年應稅收入的6%和12,000元孰低辦法確定。

【案例3-5】

（1）王某購買一款符合條件的稅收遞延型商業養老保險，支付保費400元，其當月工資8,000元，那麼扣除限額為8,000×6%＝480元（小於1,000元），那麼他當月可稅前扣除400元。

（2）胡某為個體工商戶業主，購買一款符合條件的稅收遞延型商業養老保險，全年共計支付4,000元，當年應稅收入100,000元，那麼扣除限額為100,000×6%＝6,000元（小於12,000元），那麼他只能在稅前扣除4,000元。

2. 帳戶資金收益暫不徵稅

計入個人商業養老資金帳戶的投資收益，在繳費期間暫不徵收個人所得稅。

3. 個人領取商業養老金徵稅

個人達到國家規定的退休年齡時，可按月或按年領取商業養老金，領取期限原則上為終身或不少於15年。個人身故、發生保險合同約定的全殘或罹患重大疾病的，可以一次性領取商業養老金。

對個人達到規定條件時領取的商業養老金收入，其中25%部分予以免稅，其餘75%部分按照10%的比例稅率計算繳納個人所得稅。

（二）試點政策適用對象

1. 具體範圍

在試點地區：

（1）取得工資薪金、連續性勞務報酬所得的個人；

（2）取得個體工商戶生產經營所得、對企事業單位的承包承租經營所得的個體工商戶業主、個人獨資企業投資者、合夥企業自然人合夥人和承包承租經營者。

取得連續性勞務報酬所得，是指納稅人連續6個月以上（含6個月）為同一單位提供勞務而取得的所得。

其工資薪金、連續性勞務報酬的個人所得稅扣繳單位，或者個體工商戶、承包承租單位、個人獨資企業、合夥企業的實際經營地均需位於試點地區內。

2. 限制性規定

試點地區內可享受稅收遞延型養老保險稅前扣除優惠政策的個人，憑中國保險信息技術管理有限責任公司相關信息平臺出具的「個人稅收遞延型商業養老保險扣除憑證」（以下簡稱「稅收遞延型養老扣除憑證」），辦理稅前扣除。個人購買稅收遞延型養老保險但未獲得「稅收遞延型養老扣除憑證」以及購買其他保險產品的，不能享受稅前扣除政策。因此，納稅人要辨別一款保險產

品是否可以享受個人所得稅扣除政策，主要看購買時能否取得「稅收遞延型養老扣除憑證」。

【案例 3-6】

（1）張某沒有上述所得項目，2018 年轉讓房屋收入 50 萬元，不能享受此項政策。

（2）劉某沒有上述所得項目，2018 年取得偶然所得 100 萬元，不能享受此項政策。

（3）陳某購買了稅收遞延型養老保險，但其工資薪金個人所得稅扣繳單位不在試點地區內，不能扣除。

（三）具體申報處理

1. 繳費稅前扣除環節

（1）取得工資薪金所得、連續性勞務報酬所得的個人，其購買符合規定的商業養老保險產品的支出享受稅前扣除優惠時，應及時將「稅收遞延型養老扣除憑證」提供給扣繳單位。扣繳單位應當在個人申報扣除當月計算扣除限額並辦理稅前扣除。扣繳單位在填報「扣繳個人所得稅報告表」或「特定行業個人所得稅年度申報表」時，應當將當期可扣除金額填至「稅前扣除項目」或「年稅前扣除項目」欄「其他」列中（需註明稅收遞延型養老保險），並同時填報「個人稅收遞延型商業養老保險稅前扣除情況明細表」。

個人因未及時提供「稅收遞延型養老扣除憑證」而造成往期未扣除的，扣繳單位可追補至應扣除月份扣除，

第三章　個人所得稅其他扣除

並按規定重新計算應扣繳稅款，在收到扣除憑證的當月辦理抵扣或申請退稅。

個人繳費金額發生變化、未續保或退保的，應當及時告知扣繳義務人重新計算或終止稅收遞延型養老保險稅前扣除。除個人提供資料不全、信息不實等情形外，扣繳單位不得拒絕為納稅人辦理稅前扣除。

（2）取得個體工商戶的生產經營所得、對企事業單位的承包承租經營所得的個體工商戶業主、個人獨資企業投資者、合夥企業自然人合夥人和承包承租經營者，其購買的符合規定的養老保險產品支出，在年度申報時，憑「稅收遞延型養老扣除憑證」，在規定的扣除限額內據實扣除，並填報至「個人所得稅生產經營所得納稅申報表（B表）」的「允許扣除的其他費用」行（需註明稅收遞延型養老保險），同時填報「個人稅收遞延型商業養老保險稅前扣除情況明細表」。

計算扣除限額時，個體工商戶業主、個人獨資企業投資者和承包承租經營者應稅收入按照個體工商戶、個人獨資企業、承包承租的收入總額確定；合夥企業自然人合夥人應稅收入按合夥企業收入總額乘以合夥人分配比例確定。

實行核定徵收的，應當向主管稅務機關報送「個人稅收遞延型商業養老保險稅前扣除情況明細表」和「稅收遞延型養老扣除憑證」，主管稅務機關按程序相應調減其應納稅所得額或應納稅額。納稅人繳費金額發生變化、

未續保或退保的，應當及時告知主管稅務機關，重新核定應納稅所得額或應納稅額。

2. 領取商業養老金徵稅環節

個人達到規定條件領取商業養老金時，保險公司按照規定代扣代繳個人所得稅（需註明稅收遞延型養老保險），並在個人購買稅收遞延型養老保險的機構所在地辦理全員全額扣繳申報。

第四章
個人所得稅稅款計算

要點提示：

一、個人所得稅項目不多，看似簡單，但其實計算起來比較複雜，一點都馬虎不得。考慮到讀者可能不會詳細翻閱稅法條款和實施條例，因此本章仍然會標明每個項目的徵稅範圍和部分條款內容，以便您在閱讀此章時，對基本概念能一目了然。

二、因涉及計算，因此本章採取大量案例形式編寫。成書之際，恰逢政策出抬的高峰期，有些政策還未出抬具體的實施細則。遇到此類情況，我會在書中特別說明。

三、對於特殊性政策，如全年一次性獎金、提前退休等問題，本章將不再按照項目歸類，而是單列一節進行政策解讀和舉例說明。

第一節　工資薪金所得

說明：本節主要針對居民個人取得工資薪金所得預扣預繳情形下的處理，工資薪金所得並入綜合所得匯算清繳環節的處理以及非居民個人取得工資薪金所得的處理詳見本章第五節。

一、徵稅範圍

工資薪金所得，是指個人因任職或者受雇取得的工資、薪金、獎金、年終加薪、勞動分紅、津貼、補貼以及與任職或者受雇有關的其他所得。

個人取得的所得，只要是與任職或者受雇有關，而不管其任職受雇單位是以現金、實物、有價證券還是其他形式支付的經濟利益，都是工資薪金所得的徵稅範圍。

工資薪金所得和勞務報酬的主要區別：

「工資薪金所得」是由於「任職或受雇」取得的，也就是個人在企業中任職，完成企業某一崗位職責，例如：企業的財務人員，在財務部門任職，完成企業財務核算工作，所取得的工資就屬於工資薪金所得。

「勞務報酬所得」是個人獨立從事勞務活動取得的所得，該個人並不在企業中任職，只是提供專業服務或是

臨時性的勞務。例如：某大學教授為企業提供技術諮詢服務，企業向其支付的報酬就屬於「勞務報酬所得」。

因此，兩者的主要區別在於前者存在雇傭與被雇傭關係，後者則不存在這種關係。

二、適用稅率

工資薪金所得適用3%~45%的7級超額累進稅率。

其中，居民個人取得工資薪金所得預扣預繳環節適用稅率表如表4-1所示：

表4-1　居民個人工資薪金所得預扣預繳適用稅率表

級數	累計預扣預繳應納稅所得額	預扣率（％）	速算扣除數（元）
1	不超過36,000元	3	0
2	超過36,000元至144,000元的部分	10	2,520
3	超過144,000元至300,000元的部分	20	16,920
4	超過300,000元至420,000元的部分	25	31,920
5	超過420,000元至660,000元的部分	30	52,920
6	超過660,000元至960,000元的部分	35	85,920
7	超過960,000元的部分	45	181,920

三、工資薪金所得的計算

（一）居民個人取得正常工資薪金所得的計算

1. 預扣預繳環節，實行累計預扣法

扣繳義務人向居民個人支付工資薪金所得時，按累計預扣法計算預扣稅款，並按月辦理扣繳申報。

累計預扣法，是指扣繳義務人在一個納稅年度內預扣預繳稅款時，以納稅人在本單位截至當前月份工資薪金所得累計收入減除累計免稅收入、累計減除費用、累計專項扣除、累計專項附加扣除和累計依法確定的其他扣除後的餘額為累計預扣預繳應納稅所得額，適用個人所得稅預扣預繳稅率表，計算累計應預扣預繳稅額，再減除累計減免稅額和累計已預扣預繳稅額，其餘額為本期應預扣預繳稅額。餘額為負值時，暫不退稅。納稅年度終了後餘額仍為負值時，由納稅人通過辦理綜合所得年度匯算清繳，稅款多退少補。

計算公式：

累計預扣預繳應納稅所得額＝累計收入－累計免稅收入－累計減除費用－累計專項扣除－累計專項附加扣除－累計依法確定的其他扣除

本期應預扣預繳稅額＝（累計預扣預繳應納稅所得額×預扣率－速算扣除數）－累計減免稅額－累計已預扣預繳稅額

第四章　個人所得稅稅款計算

（1）累計減除費用：按照5,000元／月乘以納稅人當年截至本月在本單位的任職受雇月份數計算。

（2）專項扣除：即居民個人按照國家規定的範圍和標準繳納的基本養老保險、基本醫療保險、失業保險等社會保險費和住房公積金。

（3）專項附加扣除：居民個人取得工資薪金所得時，可以向扣繳義務人提供專項附加扣除有關信息，由扣繳義務人扣繳稅款時減除專項附加扣除。納稅人同時從兩處以上取得工資薪金所得，並由扣繳義務人減除專項附加扣除的，對同一專項附加扣除項目，在一個納稅年度內只能選擇從一處取得的所得中減除。如果納稅人選擇綜合所得匯算清繳環節自行申報扣除，則預扣預繳環節計算公式中不含此項。

（4）依法確定的其他扣除：包括個人繳付符合國家規定的企業年金、職業年金，個人購買符合國家規定的商業健康保險、稅收遞延型商業養老保險的支出，以及國務院規定可以扣除的其他項目。

【案例4-1】

2019年1月，某企業應向餘女士支付工資12,000元，該月除任職單位扣繳「三險一金」2,640元、企業年金360元，自行購買稅優型商業健康保險支付保費200元。餘女士的兒子為初一年級學生，已與丈夫約定由餘女士100%扣除。餘女士在職碩士研究生在讀。上述專項附加扣除餘女士選擇由該企業在預扣預繳環節扣除。不考慮其他因素，計算該單位應預扣預繳的餘女士2019年

1月份個人所得稅。

　　解：（1）1月可扣除：

　　基本減除費用5,000元；

　　專項扣除「三險一金」2,640元；

　　專項附加扣除1,400元（子女教育1,000元，繼續教育400元）；

　　依法確定的其他扣除560元（企業年金360元、稅優型商業健康保險費200元）。

　　可扣除金額合計9,600元。

　　（2）應納稅所得額＝12,000－9,600＝2,400（元）

　　（3）單位預扣稅額＝2,400×3％＝72（元）

【案例4-2】

　　接上例4-1，2019年2月，該企業應支付楊女士工資12,000元，同時發放春節過節福利費5,000元，其丈夫發生符合專項附加扣除條件的大病醫療支出5萬元，出租房屋取得年租金60,000元（不含增值稅，不考慮其他因素），其餘條件不變。計算餘女士2019年2月份個人所得稅。

　　解：（1）2月可扣除：

　　大病醫療專項附加扣除需在2020年匯算清繳時扣除，2月暫不扣除，故2月可扣除9,600元。

　　累計預扣法下，

　　（2）累計應納稅所得額＝1～2月累計收入12,000×2＋5,000－1～2月累計扣除9,600×2＝9,800（元）

　　（3）累計應預扣稅額＝9,800×3％＝294（元）

2月單位實際應預扣稅額＝累計應預扣稅額294元－1月已預扣稅額72元＝222（元）

出租房屋收入應由餘女士自行申報，與其任職受雇單位無關，每月應納稅額＝（60,000÷12個月）×（1－20%）×10%＝400（元）

2月實際繳納個人所得稅額＝222+400＝622（元）

2. 匯算清繳環節，工資薪金所得並入綜合所得計稅

具體計算參考本章第五節。

（二）居民個人取得全年一次性獎金等其他工資薪金所得的計算

具體計算參考本章第十一節。

（三）非居民個人取得工資薪金所得的計算

具體計算參考本章第五節。

四、納稅地點

申報納稅地點一般應為收入來源地（任職、受雇單位所在地）主管稅務機關。

五、納稅時間

居民個人取得工資薪金所得，按年計算個人所得稅，由扣繳義務人按月或者按次預扣預繳稅款，並向主管稅務機關依法辦理全員全額扣繳申報和繳納稅款。

第二節至第四節有關說明：本章第二節至第四節主要針對居民個人取得勞務報酬、特許權使用費、稿酬所得預扣預繳情形下的處理，所涉及的案例計算、稅率均適用預扣預繳環節。年度終了並入綜合所得匯算清繳環節的處理和非居民個人取得上述所得的個人所得稅處理詳見本章第五節。

第二節　勞務報酬所得

一、徵稅範圍

　　勞務報酬所得，是指個人從事勞務活動取得的所得，包括從事設計、裝潢、安裝、制圖、化驗、測試、醫療、法律、會計、諮詢、講學、翻譯、審稿、書畫、雕刻、影視、錄音、錄像、演出、表演、廣告、展覽、技術服務、介紹服務、經紀服務、代辦服務以及其他勞務活動取得的所得。

　　個人擔任董事職務所取得的董事費收入，屬於勞務報酬性質，按勞務報酬所得項目徵稅。

　　自 2004 年 1 月 20 日起，對商品行銷活動中，企業和單位對行銷業績突出的非雇員以培訓班、研討會、工作考察等名義組織旅遊活動，通過免收差旅費、旅遊費對個人實行的行銷業績獎勵（包括實物、有價證券等），應以所發生費用的全額作為該行銷人員當期的勞務收入，按照「勞務報酬所得」項目徵收個人所得稅，並由提供上述費用的企業和單位代扣代繳。

二、預扣預繳適用稅率

勞務報酬所得預扣預繳適用稅率見表 4-2。

表 4-2　居民個人勞務報酬所得預扣預繳適用稅率表

級數	預扣預繳應納稅所得額	預扣率（%）	速算扣除數（元）
1	不超過 20,000 元的	20	0
2	超過 20,000 元至 50,000 元的部分	30	2,000
3	超過 50,000 元的部分	40	7,000

三、應納稅所得額的確定

勞務報酬所得以個人每次取得的收入按定額或定率減除規定費用後的餘額為應納稅所得額。每次收入不超過 4,000 元的，定額減除費用 800 元；每次收入在 4,000 元以上的，定率減除 20% 的費用。其計算公式為：

（1）每次收入不超過 4,000 元的：

應納稅所得額＝每次收入－800 元

（2）每次收入在 4,000 元以上的：

應納稅所得額＝每次收入×（1－20%）

四、應納稅額的計算

應納稅額的計算公式為：

應納稅額＝應納稅所得額×適用稅率

如果納稅人取得的一次勞務報酬收入畸高，即應納稅勞務報酬所得額超過 20,000 元的，實行加成徵稅。對應納稅所得額超過 20,000 元至 50,000 元的部分，加徵五成；超過 50,000 元的部分，加徵十成。其計算公式為：

應納稅額＝應納稅所得額×適用稅率－速算扣除數

五、納稅期限和地點

勞務報酬所得申報納稅地點一般應為收入來源地的稅務機關。扣繳義務人所扣的稅款，都應當在次月 15 日前辦理納稅申報。

六、操作實例（案例為預繳環節稅款）

【案例 4-3】

王某於 2019 年 10 月外出參加營業性演出，在 A 省一次取得勞務報酬 21,000 元。在 B 省 M 市第一場演出取得 12,000 元收入，第二場演出取得 20,000 元收入。計算其 10 月預扣預繳時應繳納的個人所得稅（不考慮其他

稅費)。

解:在 A 省取得收入

應納稅所得額=21,000×(1-20%)=16,800(元)

應納稅額=16,800×20%=3,360(元)

在 B 市取得收入屬於一次,故

應納稅所得額=(12,000+20,000)×(1-20%)=25,600(元)

應納稅額=25,600×30%-2,000=5,680(元)

其 10 月應預繳的個人所得稅=3,360+5,680=9,040(元)

【案例4-4】

高級工程師趙某為 A 公司進行一項工程設計,按照合同規定,公司應支付趙某勞務報酬 48,000 元,與其報酬相關的個人所得稅由公司代付。付給仲介人 500 元。當月趙某還為 B 公司提供業務諮詢,總共諮詢 4 次,每次收入 2,000 元。合同註明諮詢收入為稅後收入。不考慮其他稅收的情況下,計算兩家公司應為趙某代付的個人所得稅稅額。

解:趙某取得的收入是不含稅收入,應採用「不含稅勞務報酬收入適用稅率」的計算方法,具體計算如下:

(1) 設計勞務代付個人所得稅的應納稅所得額=[(48,000-2,000)×(1-20%)]÷76%=48,421.05(元)

A 公司應代付個人所得稅額=48,421.05×30%-2,000=

12,526.32（元）

（2）諮詢勞務應納稅所得額＝2,000×4×（1－20%）÷84%＝7,619.05（元）

B公司應代付個人所得稅額＝7,619.05×20%＝1,523.81（元）

第三節 特許權使用費

一、徵稅範圍

特許權使用費所得，是指個人提供專利權、商標權、著作權、非專利技術以及其他特許權的使用權而取得的所得；提供著作權的使用權而取得的所得，不包括稿酬所得。

（一）專利權

專利權是指由國家專利主管機關依法授予專利申請人在一定的時期內對某項發明創造享有的專有利用的權利，它是工業產權的一部分，具有專業性（獨占性）、地域性、時間性。

（二）商標權

商標權是指商標註冊人依法律規定而取得的對其註

冊商標在核定商品上使用的獨占使用權。商標權也是一種工業產權，可以依法取得、轉讓、許可使用、繼承、喪失、請求排除侵害。

（三）著作權

著作權即版權，是指作者對其創作的文學、科學和藝術作品依法享有的某些特殊權利。著作權是公民的一項民事權利，既具有民法中的人身權性質，也具有民法中的財產權性質，主要包括發表權、署名權、修改權、保護權、使用權和獲得報酬權。

（四）非專利技術

非專利技術即專利技術以外的專有技術。這類技術大多尚處於保密狀態，僅為特定人知曉並佔有。

上述四種權利及其他權利由個人提供給他人使用時，會取得相應的收入。此類收入不同於一般所得，所以單獨列為一類徵稅項目。

二、預扣預繳適用稅率

特許權使用費所得，適用比例稅率，稅率為20%。

三、應納稅所得額的確定

特許權使用費所得，以一項特許權的一次許可使用所取得的收入為一次，按定額或定率減除規定費用後的餘額為應納稅所得額。即：每次收入不超過 4,000 元的，減除費用 800 元，其餘額為應納稅所得額；4,000 元以上的，減除 20% 的費用，其餘額為應納稅所得額。

四、應納稅額的計算

應納稅額的計算公式為：

應納稅額＝應納稅所得額×適用稅率

（1）每次收入不超過 4,000 元（含 4,000 元）的：

應納稅額＝應納稅所得額×適用稅率＝（每次收入－800 元）×20%

（2）每次收入超過 4,000 元的：

應納稅額＝應納稅所得額×適用稅率＝每次收入×（1-20%）×20%

五、納稅地點及納稅時間

（一）納稅地點

取得特許權使用費所得，原則上由扣繳義務人向其

所在地主管稅務機關申報納稅。

(二) 納稅時間

扣繳義務人所扣的稅款，都應當在次月 15 日前辦理納稅申報。

六、「次」的認定

特許權使用費所得，屬於一次性收入的，以取得該項收入為一次；屬於同一項目連續性收入的，以一個月內取得的收入為一次。

(1) 對個人從事技術轉讓中所支付的仲介費，若能提供有效的合法憑證，允許從所得中扣除。

(2) 個人因專利權被企業（單位）使用而取得的經濟賠償收入（專利賠償所得），按「特許權使用費所得」繳納個人所得稅。

(3) 從 2002 年 5 月 1 日起，編劇從電視劇的製作單位取得的劇本使用費，不再區分劇本的使用方是否為其任職單位，統一按「特許權使用費所得」項目計繳個人所得稅。

(4) 特許權使用費所得與稿酬所得不同：根據稅法的規定，提供著作權的使用權取得的所得，不包括稿酬所得。作者將自己的文字作品手稿原件或複印件公開拍賣（競價）取得的所得，屬於提供著作權的使用所得，

故應按特許權使用費所得項目徵收個人所得稅。

（5）對個人通過拍賣市場拍賣字畫、瓷器、玉器、珠寶等各種財產取得的所得徵收個人所得稅，自2007年5月1日起，分兩種情形：

①作者將自己的文字作品手稿原件或複印件拍賣取得的所得，按照「特許權使用費」所得項目繳納個人所得稅。

②拍賣除上述文字作品原稿及複印件之外的其他財產，轉讓收入額減除財產原值和合理費用後的餘額為應納稅所得額，按照「財產轉讓所得」項目計算繳納個人所得稅。

七、操作實例（案例為預繳環節稅款）

【案例4-5】

王某於2019年9月提供其一項專利權給企業用於生產，取得收入50,000元，計算稅款。

解：應納稅所得額＝50,000×（1－20%）＝40,000（元）

應納稅額＝40,000×20%＝8,000（元）

【案例4-6】

宋某經某專利事務所介紹，將其擁有的某項專利權授予某工廠使用，使用費為240,000元，同時按協議向該專利事務所支付仲介費36,000元。問：宋某應該繳納多

個人所得稅新法實用手冊

少個人所得稅？

解：按照規定，對於個人從事技術轉讓中所支付的仲介費，若能提供有效合法的憑證，允許從其所得中扣除。則公司在支付該特許權使用費時應當代扣個人所得稅稅額為：

應納稅所得額＝240,000－240,000×20%－36,000＝156,000（元）

應納稅額＝156,000×20%＝31,200（元）

【案例4-7】

科技人員陳某將自己發明的一項專利提供給外地的一家企業使用，並一次性從該企業取得特許權使用費所得3,000元。為了促成該次使用權的轉讓，陳某還向某仲介機構支付了100元的仲介費。該筆所得的應納稅額應如何計算？

解：對於陳某支付給仲介機構的100元仲介費，若能提供有效合法的憑證，首先應從其收入中扣除。同時，依據特許權使用費所得的費用扣除規定，陳某的該筆收入因低於4,000元，只能扣除800元的費用。其應納稅所得額計算如下：

應納稅所得額＝3,000－800－100＝2,100（元）

應納稅額＝2,100×20%＝420（元）

第四節　稿酬所得

一、徵稅範圍

稿酬所得，是指個人因其作品以圖書、報刊等形式出版、發表而取得的所得。

個人取得稿酬所得為應稅對象。這裡所說的作品，包括文學作品、書畫作品、攝影作品以及其他作品。具體包括中外文字、圖片、樂譜等能以圖書、報刊方式出版、發表的作品；個人作品，包括本人的著作、翻譯的作品等。

稿酬，是指圖書、報紙、雜誌等出版機構在發表著作、譯稿、圖畫、照片等的時候支付給作者的報酬。不以圖書、報紙、雜誌形式出版、發表的翻譯、審稿、書畫所得歸為勞務報酬所得。

國家對報紙、雜誌、出版等單位的職員在本單位的刊物上發表作品、出版圖書取得所得徵稅做如下規定：

（1）任職、受雇於報紙、雜誌等單位的記者、編輯等專業人員，因在本單位的報紙、雜誌上發表作品取得的所得，屬於因任職、受雇而取得的所得，應與其當月工資收入合併，按「工資薪金所得」項目徵收個人所得稅。

除上述專業人員以外，其他人員在本單位的報紙、雜誌上發表作品取得的所得，按稿酬所得徵稅。

（2）出版社的專業作者撰寫、編寫或翻譯的作品，由本社以圖書形式出版而取得的稿費收入，按「稿酬所得」項目計算繳納個人所得稅。

二、預扣預繳適用稅率

稿酬所得，適用20%的比例稅率。

三、應納稅所得額的確定

稿酬所得以個人每次取得的收入按定額或定率減除規定費用後的餘額為應納稅所得額（收入額），即：每次收入不超過4,000元的，定額減除費用800元；每次收入在4,000元以上的，定率減除20%的費用。

稿酬所得的收入額減按70%計算。

四、應納稅額的計算

（1）每次收入不超過4,000元的：

應納稅額＝應納稅所得額×適用稅率

＝（每次收入−800）×（1−30%）×20%

（2）每次收入在 4,000 元以上的：

應納稅額＝應納稅所得額×適用稅率

＝每次收入×（1-20%）×（1-30%）×20%

五、納稅方式、納稅地點及納稅時間

（一）納稅方式

稿酬所得，按次計徵，由支付稿酬的單位或個人代扣代繳個人所得稅。取得稿酬所得時，支付單位或個人未按規定代扣代繳稅款的，納稅義務人應自行申報繳納個人所得稅。

（二）納稅地點

取得稿酬所得，原則上由扣繳義務人向其所在地主管稅務機關申報納稅。取得稿酬時，扣繳義務人未按規定代扣代繳稅款的，納稅人應向取得所得的當地主管稅務機關自行申報納稅。

（三）納稅時間

扣繳義務人所扣的稅款，都應當在次月 15 日前辦理納稅申報。

六、「次」的認定

在計算稿酬所得的應繳納個人所得稅時，確定每次收入是一個難點。所謂「每次」取得的收入，是指以每次出版、發表作品取得的收入為一次，確定應納稅所得額。在實際生活中，稿酬的支付或取得形式是多種多樣的，比較複雜。為了便於合理確定不同形式、不同情況、不同條件下稿酬的稅收負擔，另有具體規定：

（1）個人每次以圖書、報刊方式出版、發表同一作品，不論出版單位是預付還是分筆支付稿酬，或者加印該作品後再付稿酬，均應合併為一次徵稅。

（2）在兩處以上出版、發表或再版同一作品而取得的稿酬，則可分別以各處取得的所得或再版所得分次徵稅。

（3）個人的同一作品在報刊上連載，應合併其因連載而取得的所得為一次。連載之後又出書取得稿酬的，或先出書後連載取得稿酬的，應視同再版稿酬分次徵稅。

（4）作者去世以後，其財產繼承人取得的遺作稿酬應按稿酬所得項目計稅。

七、操作實例（案例為預繳環節稅款）

【案例 4-8】

張某於 2019 年 4 月因一篇小說出版，獲稿費 20,000 元，12 月因加印又取得稿費 10,000 元。計算其應預繳的個人所得稅。

解：「加印」為一次取得的所得，「改版」則為多次所得。第一次繳納個人所得稅：20,000×（1-20%）×（1-30%）×20%＝2,240（元）

第二次繳納個人所得稅：（20,000+10,000）×（1-20%）×（1-30%）×20%-2,240＝1,120（元）

第五節　綜合所得匯算清繳和非居民個人稅款計算

一、居民個人綜合所得稅款匯算清繳的計算

（一）適用對象

僅針對居民個人，對非居民個人而言，不存在綜合所得的概念。

151

（二）適用範圍

　　新個人所得稅法規定，居民個人辦理年度綜合所得匯算清繳時，應當依法計算工資薪金所得、勞務報酬所得、稿酬所得、特許權使用費4項所得的收入額，並入年度綜合所得計算應納稅款，稅款多退少補。但並非所有取得以上所得的自然人納稅人都需要進行匯算清繳，只有取得了綜合所得且符合下列情形之一的納稅人，才應依法辦理匯算清繳：

　　（1）從兩處以上取得綜合所得，且綜合所得年收入額減除專項扣除後的餘額超過6萬元；

　　（2）取得勞務報酬所得、稿酬所得、特許權使用費所得中一項或者多項所得，且綜合所得年收入額減除專項扣除的餘額超過6萬元；

　　（3）納稅年度內預繳稅額低於應納稅額；

　　（4）納稅人申請退稅。

　　特別提醒兩點：

　　（1）如發生了符合條件的大病醫療支出，在平時預扣預繳環節無法扣除，需進行匯算清繳並在該環節扣除。

　　（2）居民個人取得勞務報酬所得、稿酬所得、特許權使用費所得，未取得工資薪金所得，發生專項附加扣除的，可在年度匯算清繳環節向稅務機關提供扣除信息並扣除。

（三）應納稅所得額和稅額的計算

（1）以每一納稅年度的收入額減除費用 6 萬元以及專項扣除、專項附加扣除和依法確定的其他扣除後的餘額，為應納稅所得額，即：

應納稅所得額＝收入額－減除費用 6 萬元－專項扣除－專項附加扣除－其他扣除

應納稅額＝應納稅所得額×適用稅率－速算扣除數

（2）除工資薪金所得以外，其他綜合所得收入額的確定：

勞務報酬、特許權使用費收入額＝收入×（1-20%）

稿酬所得收入額減按 70% 計算，即收入額＝收入×（1-20%）×70%

其計算適用綜合所得年度稅率表見表 4-3。

表 4-3　　　　　綜合所得年度稅率表

級數	全年應納稅所得額	稅率（%）	速算扣除數（元）
1	不超過 36,000 元	3	0
2	超過 36,000 元至 144,000 元的部分	10	2,520
3	超過 144,000 元至 300,000 元的部分	20	16,920
4	超過 300,000 元至 420,000 元的部分	25	31,920
5	超過 420,000 元至 660,000 元的部分	30	52,920
6	超過 660,000 元至 960,000 元的部分	35	85,920
7	超過 960,000 元的部分	45	181,920

（四）納稅時間和地點

需要辦理匯算清繳的納稅人，應當在取得所得的次年3月1日至6月30日內，向任職、受雇單位所在地主管稅務機關辦理納稅申報，並報送「個人所得稅年度自行納稅申報表」。納稅人有兩處以上任職、受雇單位的，選擇向其中一處任職、受雇單位所在地主管稅務機關辦理納稅申報；納稅人沒有任職、受雇單位的，向戶籍所在地或經常居住地主管稅務機關辦理納稅申報。

納稅人取得綜合所得辦理匯算清繳的具體辦法，國家稅務總局將另行公告（截至本書成書之日還未發布）。

【案例4-9】

余女士為動漫設計師。2019年，她從A企業取得應發工資120,000元，應繳納「三險一金」36,000元，已扣繳個人所得稅720元。從B企業取得工資收入50,000元，已扣繳個人所得稅0元。在外接私活取得一次性勞務報酬20,000元，已繳納個人所得稅3,200元。余女士參加了職業技能繼續教育，在2019年3月取得證書且在扣除目錄範圍內。其父親2019年11月年滿60週歲，其系非獨生子女。假設專項附加扣除余女士選擇在匯算清繳環節扣除，不考慮其他因素，計算余女士2020年綜合所得應繳個人所得稅。

解：綜合所得收入額＝工資收入120,000＋工資收入

第四章　個人所得稅稅款計算

50,000+勞務報酬 20,000×（1-20%）=186,000（元）

扣除項=基本減除費用 60,000+「三險一金」36,000+繼續教育 3,600 元+贍養老人 2,000（1,000×2 個月）=101,600（元）

應納稅所得額=186,000-101,600=84,400（元）

對照綜合所得稅率表，適用稅率 10%，速算扣除數 2,520 元。

應納稅額=84,400×10%-2,520=5,920（元）

已預扣預繳稅額=720+3,200=3,920（元）

匯算清繳環節實際繳納稅額=5,920-3,920=2,000（元）

【案例 4-10】

杜某是一名作家，2019 年收入如下：

（1）4 月在外講課，取得收入 21,000 元。

（2）7 月出版一部長篇小說，獲稿費 30,000 元。

（3）10 月，小說又在另一家出版社出版，取得收入 50,000 元。

（4）12 月，杜某將自己的文字作品手稿原件拍賣，取得收入 5,000 元。

假設杜某未另外取得工資薪金等所得，累計可扣專項附加扣除 4,800 元，不考慮其他因素，計算杜某應繳稅款。

解：預扣預繳環節：

（1）4 月講課取得的收入為勞務報酬所得

應納稅額=21,000×（1-20%）×20%=3,360（元）

155

（2）7月出版小說為稿酬所得

應納稅額＝30,000×（1－20%）×（1－30%）×20%＝3,360（元）

（3）10月出版小說，單獨計算稿酬所得稅款

應納稅額＝50,000×（1－20%）×（1－30%）×20%＝5,600（元）

（4）12月拍賣作品手稿為特許權使用費所得

應納稅額＝5,000×（1－20%）×20%＝800（元）

預繳稅款＝3,360+3,360+5,600+800＝13,120（元）

匯算清繳環節：

2019年杜某總收入額＝21,000×（1－20%）+30,000×（1－20%）×（1－30%）+50,000×（1－20%）×（1－30%）+5,000×（1－20%）＝65,600（元）

應納稅所得額＝65,600－基本減除費用60,000－專項附加扣除4,800＝800（元）

適用綜合所得年度稅率表：

應納稅額＝800×3%＝24（元）

實際應退稅款＝13,120－24＝13,096（元）

二、非居民個人工資薪金所得、勞務報酬所得、稿酬所得、特許權使用費所得稅款的計算

扣繳義務人向非居民個人支付工資薪金所得，應當

按照以下方法按月或者按次代扣代繳稅款：

應納稅所得額＝每月收入額－基本減除費用5,000元

應納稅額＝應納稅所得額×稅率

非居民個人取得的勞務報酬所得、稿酬所得、特許權使用費所得，應當按照以下方法按月或者按次代扣代繳稅款：

應納稅所得額＝收入額＝收入×（1-20%）

其中，稿酬所得收入額減按70%計算，實際應納稅所得額＝收入×（1-20%）×70%

應納稅額＝應納稅所得額×稅率

適用稅率表見表4-4。

表4-4　非居民個人工資薪金所得、勞務報酬所得、稿酬所得、特許權使用費所得適用稅率表

級數	應納稅所得額	稅率（%）	速算扣除數（元）
1	不超過3,000元	3	0
2	超過3,000元至12,000元的部分	10	210
3	超過12,000元至25,000元的部分	20	1,410
4	超過25,000元至35,000元的部分	25	2,660
5	超過35,000元至55,000元的部分	30	4,410
6	超過55,000元至80,000元的部分	35	7,160
7	超過80,000元的部分	45	15,160

【案例 4-11】

某甲為非居民個人，獨立從事藝術設計工作，2019年7月取得一筆設計收入 30,000 元，請計算其應納稅款。

解：應納稅所得額 = 30,000 × (1 - 20%) = 24,000（元）

不再適用居民個人勞務報酬預扣預繳加成徵收稅率。
應納稅額 = 24,000 × 20% - 1,410 = 3,390（元）

三、非居民個人分類所得稅款的計算

非居民個人取得利息、股息、紅利、財產轉讓、財產租賃、偶然所得 4 項分類所得的稅款計算，同居民個人無差異，詳見本章第七節至第十節，此處不再贅述。

第六節　經營所得

說明：根據新個人所得稅法，個體工商戶的生產、經營所得，對企事業單位的承包、承租經營所得已經合併為「經營所得」稅目，但部分單行性稅收政策文件還未修改對應內容，文中部分內容仍會出現「個體工商戶的生產、經營所得，對企事業單位的承包、承租經營所得」這樣的文字描述。為避免讀者混淆，特此說明。

第四章　個人所得稅稅款計算

一、徵稅範圍

經營所得，具體範圍包括：

（1）個體工商戶從事生產、經營活動取得的所得，個人獨資企業投資人、合夥企業的個人合夥人來源於境內註冊的個人獨資企業、合夥企業生產、經營的所得；

（2）個人依法從事辦學、醫療、諮詢以及其他有償服務活動取得的所得；

（3）個人對企業、事業單位承包經營、承租經營以及轉包、轉租取得的所得；

（4）個人從事其他生產、經營活動取得的所得。

二、適用稅率

適用稅率見表 4-5。

表 4-5　　　　　經營所得適用稅率表

級數	全年應納稅所得額	稅率（％）	速算扣除數（元）
1	不超過 30,000 元的	5	0
2	超過 30,000 元至 90,000 元的部分	10	1,500
3	超過 90,000 元至 300,000 元的部分	20	10,500
4	超過 300,000 元至 500,000 元的部分	30	40,500
5	超過 500,000 元的部分	35	65,500

註：本表所稱全年應納稅所得額，是指依照本法第六條的規定，以每一納稅年度的收入總額減除成本、費用以及損失後的餘額。

三、應納稅所得額的確定

經營所得的應納稅所得額是以每一納稅年度的收入總額減除成本、費用以及損失後的餘額。其計算公式如下：

應納稅所得額＝收入總額－（成本＋費用＋損失＋準予扣除的稅金）

同時，在新個人所得稅法實施後，取得經營所得的個人，沒有綜合所得的，計算其每一納稅年度的應納稅所得額時，應當減除費用6萬元、專項扣除、專項附加扣除以及依法確定的其他扣除。專項附加扣除在辦理匯算清繳時減除。

四、應納稅額的計算

（一）查帳徵收方式下

方法：按年計算、分月或分季預繳、年終匯算清繳，多退少補。相應計算公式為：

應納稅額＝應納稅所得額×適用稅率－速算扣除數

本月應預繳所得稅稅額＝本月累計應納稅所得額×適用稅率－速算扣除數－上月累計已預繳稅款

全年應納所得稅稅額＝全年應納稅所得額×適用稅率－速算扣除數

第四章　個人所得稅稅款計算

匯算清繳稅額＝全年應納稅額－全年累計已預繳稅額

（二）核定徵收方式下

（1）核定徵收的範圍有下列情形之一的，主管稅務機關應採取核定徵收方式徵收個人所得稅：

依照國家有關規定應當設置但未設置帳簿的；

雖設置帳簿，但帳目混亂或者成本資料、收入憑證、費用憑證殘缺不全，難以查帳的；

納稅人發生納稅義務，未按照規定的期限辦理納稅申報，經稅務機關責令限期申報，逾期仍不申報的。

（2）核定徵收方式，包括定額徵收、核定應稅所得率徵收以及其他合理的徵收方式。

其中，《財政部 國家稅務總局關於印發〈關於個人獨資企業和合夥企業投資者徵收個人所得稅的規定〉的通知》（財稅〔2000〕91號）詳細規定了個人獨資、合夥企業實行核定應稅所得率徵收方式的，應納所得稅額的計算公式如下：

應納稅所得額＝收入總額×應稅所得率
　　　　　　＝成本費用支出額÷(1-應稅所得率)
　　　　　　　×應稅所得率
應納所得稅額＝應納稅所得額×適用稅率

相應的應稅所得率見表4-6。

表 4-6　個人獨資企業、合夥企業應稅所得率表

行　業	應稅所得率（%）
工業、商業、交通運輸業	5～20
建築業、房地產開發業	7～20
飲食服務業	7～25
娛樂業	20～40
其他行業	10～30

個人獨資企業經營多業的，無論其經營項目是否單獨核算，均應根據其主營項目確定其適用的應稅所得率。

個體工商戶核定徵收方式可按國家稅務總局《個體工商戶稅收定期定額徵收管理辦法》（2006年第16號公告）的規定徵收，其個人所得稅核定徵收率由各地（市、州）確定。其計算公式為：

應納所得稅額＝收入總額×核定徵收率

五、納稅方式、期限和地點

申報納稅地點一般應為收入來源地的稅務機關。對於帳冊健全的個體工商戶以及企事業單位承租、承包經營者等，取得的經營所得，按年計算個人所得稅，由納稅人在月度或者季度終了後15日內向稅務機關報送納稅申報表，並預繳稅款；在取得所得的次年3月31日前辦理匯算清繳。帳冊不健全的，其經營所得的應納稅款，由稅務機關依據《中華人民共和國稅收徵收管理法》確

定徵收方式。

六、操作實例

以下案例均假設業主沒有綜合所得，按新個人所得稅法計算。

【案例 4-12】

某市某飯店系個體經營戶，帳證比較健全，屬於查帳徵收。2019 年 12 月取得營業額 150,000 元，購進菜、肉、蛋、面粉、大米等原料 80,000 元，繳納電費、水費、房租、煤氣費等 18,000 元，繳納其他稅費合計 7,000 元，當月支付給 4 名雇員工資共 20,000 元（業主個人費用扣除 5,000 元）。1~11 月累計應納稅所得額為 154,000 元，1~11 月累計已預繳個人所得稅為 20,300 元。計算該個體經營戶 12 月份應繳納的個人所得稅。

解：（1）12 月份應納稅所得額 = 150,000 - 80,000 - 18,000 - 7,000 - 20,000 - 5,000 = 20,000（元）

（2）全年累計應納稅所得額：154,000 + 20,000 = 174,000（元）

（3）12 月份應繳納個人所得稅 = 174,000 × 20% - 10,500(速算扣除數) - 20,300 = 4,000（元）

【案例 4-13】

某個體工商戶，2019 年度有關經營情況如下：

(1) 取得營業收入200萬元；

(2) 發生營業成本130萬元；

(3) 發生相關稅費5.28萬元；

(4) 發生管理費用26萬元（其中業務招待費5萬元）；

(5) 12月份購買小貨車一輛，支出5萬元；

(6) 共有雇員10人，人均月工資2,000元，共開支工資24萬元；

(7) 業主個人每月領取工資4,000元，共開支工資4.8萬元；

(8) 實際列支三項經費4萬元（工會經費、職工福利費、職工教育經費分別為0.3萬元、3.2萬元、0.5萬元）（工資與三項經費未計入營業成本中）；

(9) 當年向某單位借入流動資金10萬元，支付利息費用1萬元，同期銀行貸款利息率為4.8%；

(10) 9月份，車輛在運輸途中發生車禍被損壞，損失達4.5萬元，11月取得保險公司的賠款2.5萬元；

(11) 對外投資，分得股息3萬元；

(12) 該個體工商戶業主申報專項附加扣除，扣除額1萬元；

(13) 該業務發生商業健康保險支出2,400元。

該個體工商戶自行計算2019年應繳納個人所得稅如下：應納稅所得額=200-130-5.28-26-5-24-4.8-4-1-4.5+3-4=-5.58（萬元），當年不用繳納個人所得稅。

第四章　個人所得稅稅款計算

請糾正其計算錯誤。

解：該個體戶自行計算的應納個人所得稅額不正確。主要錯在：

（1）業務招待費限額=200×0.5%=1（萬元），5×60%=3（萬元），只能扣除1萬元。

（2）購買小貨車的5萬元應作為固定資產處理，不能直接扣除。

（3）雇員工資可以全部扣除，業主個人的工資費用4.8萬元不能扣除，但可以扣基本費用減除標準=0.5×12=6（萬元）。

（4）非金融機構的借款利息費用按同期銀行的貸款利率計算扣除，超過部分不得扣除。

利息費用扣除限額=10×4.8%=0.48（萬元）

（5）小貨車損失有賠償的部分不能扣除。

小貨車損失應扣除額=4.5-2.5=2（萬元）

（6）對外投資分回的股息3萬元，應按股息項目單獨計算繳納個人所得稅，不能並入營運的應納稅所得額一併計算納稅。

分回股息應納個人所得稅=3×20%=0.6（萬元）

（7）應減除專項附加扣除1萬元。

（8）商業健康保險支出屬於依法確定的其他扣除，應減除費用0.24萬元。

其個人所得稅正確計算如下：

應納稅所得額=營業收入200-營業成本130-營業稅

費5.28-管理費用（26-5+1）-工資24-業主個人基本減除費用6-三項經費4-允許扣除的利息0.48-允許扣除貨車損失2-專項附加扣除1-商業健康保險支出0.24=5（萬元）

2019年經營所得應繳納個人所得稅額=5×10%-0.15（速算扣除數）=0.35（萬元）

2019年應繳納個人所得稅額=0.35+0.6=0.95（萬元）

【案例4-14】

某個人獨資企業，全年營業收入為110,000元，但成本費用不準確，個人所得稅採取核定徵收方式，應稅所得率為5%，計算其個人所得稅。

解：應納稅所得額=收入總額×應稅所得率=110,000×5%=5,500（元）

個人所得稅額=應納稅所得額×適用稅率=5,500×5%=275（元）

【案例4-15】

陳某2019年1月1日與地處某縣城的國有飯店簽訂承包合同，承包該國有飯店經營期限3年（2019年1月1日~2021年12月31日），上繳承包費30萬元（每年10萬元）。合同規定，承包期內不得更改飯店名稱，仍以國有飯店的名義對外從事經營業務，有關國有飯店應繳納的相關稅、費在承包期內均由陳某負責，其上繳的承包費在每年的經營成果中支付。2019年陳某取得承包經營

收入70萬元，此外陳某還按月從飯店領取工資，每月5,000元。假設業主沒有綜合所得，不考慮其他因素，計算其個人所得稅。

解：應納稅所得額＝70－10（承包費）＋0.5×12個月（陳某工資）－0.5×12個月（基本費用減除）＝60（萬元）

應繳納個人所得稅＝60×35％－6.55（速算扣除數）＝14.45（萬元）

第七節　利息、股息、紅利所得

一、徵稅範圍

利息、股息、紅利所得，是指個人因擁有債權、股權等而取得的利息、股息、紅利所得。其中：利息一般是指存款、貸款和債券的利息。股息、紅利是指個人擁有股權取得的公司、企業分紅，按照一定的比率派發的每股息金，稱為股息；根據公司、企業應分配的、超過股息部分的利潤，按股派發的紅股，稱為紅利。

二、適用稅率

利息、股息、紅利所得適用20％的比例稅率。

三、應納稅所得額的確定

（1）利息、股息、紅利所得以個人每次取得的收入額為應納稅所得額，不得從收入額中扣除任何費用。其中，每次收入是指支付單位或個人每次支付利息、股息、紅利時，個人所取得的收入。對於股份制企業在分配股息、紅利時，以股票形式向股東個人支付應得的股息、紅利（即派發紅股），應以派發紅股的股票票面金額為收入額，計算徵收個人所得稅。

（2）對個人投資者從公開發行和轉讓市場取得的上市公司股息、紅利所得，依照財稅〔2015〕101號文件的規定，自2015年9月8日之後，持股期限在1個月以內（含1個月）的，其股息、紅利所得全額計入應納稅所得額；持股期限在1個月以上至1年（含1年）的，暫減按50%計入應納稅所得額；上述所得統一適用20%的稅率計徵個人所得稅；上市公司派發股息、紅利時，對個人持股1年以內（含1年）的，上市公司暫不扣繳個人所得稅。上述股息、紅利差別化個人所得稅政策也適用於全國中小企業股份轉讓系統即新三板掛牌公司。

（3）銀行存款所取得的利息徵免稅按時間段劃分：①2007年8月14日（含）以前孳生的利息按20%徵稅；②2007年8月15日起到2008年10月8日（含）稅率由20%降為5%；③自2008年10月9日（含）起，暫免徵

收儲蓄存款利息所得稅。

四、應納稅額的計算方法

其應納稅額的計算公式為：

應納稅額＝應納稅所得額（每次收入額）×適用稅率

五、納稅方式、期限和地點

申報納稅地點一般應為收入來源地的稅務機關。扣繳義務人所扣的稅款，都應當在次月 15 日前辦理納稅申報。

【案例 4-16】

某人投資 A 企業，當年就獲得 10,000 元分紅，由 A 公司代扣 20% 的個人所得稅。

解：應納個人所得稅 = 10,000×20% = 2,000（元）

【案例 4-17】

王某持有某上市公司的股票 10,000 股，持有期限 8 個月。該上市公司 2018 年度的利潤分配方案為每 10 股送 3 股，並於 2019 年 6 月份實施，該股票的面值為每股 1 元。王某還從某非上市公司取得股息 7,000 元。王某應承擔的個人所得稅是多少？

解：從上市公司取得股息、紅利所得 = 10,000÷10×

3×1＝3,000（元）

應納個人所得稅＝3,000×20%×50%＝300（元）

從非上市公司取得股息應納個人所得稅＝7,000×20%＝1,400（元）

王某應納個人所得稅＝300+1,400＝1,700（元）

註：對個人投資者從上市公司取得的股息、紅利所得，自2015年9月8日起，持股期限在1個月以上至1年（含1年）的，暫減按50%計入應納稅所得額。

第八節 財產轉讓所得

一、徵稅範圍

本稅目的徵稅範圍包括個人轉讓有價證券、股權、合夥企業中的財產份額、不動產、機器設備、車船以及其他財產取得的所得。

目前，除了個人轉讓境內上市公司股票所得、個人轉讓自用5年以上並且是家庭唯一生活用房取得的所得暫免徵收個人所得稅外，個人取得的其餘各項財產轉讓所得，都要繳納個人所得稅。

二、適用稅率

財產轉讓所得，適用20%的比例稅率。

三、應納稅所得額的確定

以個人每次轉讓財產取得的收入額減除財產原值和合理費用後的餘額為應納稅所得額。

納稅義務人未提供完整、準確的財產原值憑證，不能正確計算財產原值的，由主管稅務機關核定其財產原值。

財產轉讓所得按照常見類型可劃分為三類：房屋轉讓所得、股權轉讓所得以及其他財產轉讓所得。

（一）房屋轉讓所得

財產轉讓所得發生較頻繁，其中與廣大民眾聯繫相對較密切的是房屋轉讓所得。房屋轉讓所得按照房屋類型劃分，可以分為住房和非住房；按照交易方式劃分，可以分為自行轉讓和拍賣；按照房屋取得形式劃分，可以分為離婚析產和無償受贈以及正常購入等。

1. 住房轉讓所得

《國家稅務總局關於個人住房轉讓所得徵收個人所得稅有關問題的通知》（國稅發〔2006〕108號）規定，對

房屋轉讓所得徵收個人所得稅時,以實際成交價格為轉讓收入。納稅人申報的房屋成交價格明顯低於市場價格且無正當理由的,徵收機關依法有權根據有關信息核定其轉讓收入,但必須保證各稅種計稅價格一致。對轉讓住房收入計算個人所得稅應納稅所得額時,納稅人可憑原購房合同、發票等有效憑證,經稅務機關審核後,允許從其轉讓收入中減除房屋原值、轉讓住房過程中繳納的稅金及有關合理費用。

房屋原值、轉讓住房過程中繳納的稅金以及合理費用的詳細解釋,詳見《國家稅務總局關於個人住房轉讓所得徵收個人所得稅有關問題的通知》(國稅發〔2006〕108號)有關規定。

納稅人未提供完整、準確的房屋原值憑證,不能正確計算房屋原值和應納稅額的,稅務機關可根據《中華人民共和國稅收徵收管理法》第三十五條的規定,對其實行核定徵稅,即按納稅人住房轉讓收入的一定比例核定應納個人所得稅額。具體比例由省級地方稅務局或者省級地方稅務局授權的地市級地方稅務局根據納稅人出售住房的所處區域、地理位置、建造時間、房屋類型、住房平均價格水準等因素,在住房轉讓收入1%~3%的幅度內確定。

2. 房屋拍賣所得

《國家稅務總局關於個人取得房屋拍賣收入徵收個人所得稅問題的批復》(國稅函〔2007〕1145號)規定,

個人通過拍賣市場取得的房屋拍賣收入在計徵個人所得稅時，其房屋原值應按照納稅人提供的合法、完整、準確的憑證予以扣除；不能提供完整、準確的房屋原值憑證，不能正確計算房屋原值和應納稅額的，統一按轉讓收入全額的3%計算繳納個人所得稅。

3. 離婚析產及析產後房屋轉讓所得

《國家稅務總局關於明確個人所得稅若干政策問題的通知》（國稅發〔2009〕121號）規定，通過離婚析產的方式分割房屋產權是夫妻雙方對共同共有財產的處置，個人因離婚辦理房屋產權過戶手續，不徵收個人所得稅；個人轉讓離婚析產房屋所取得的收入，允許扣除其相應的財產原值和合理費用後，餘額按照規定的稅率繳納個人所得稅；其相應的財產原值，為房屋初次購置全部原值和相關稅費之和乘以轉讓者占房屋所有權的比例；個人轉讓離婚析產房屋所取得的收入，符合家庭生活自用五年以上唯一住房的，可以申請免徵個人所得稅，其購置時間按照《國家稅務總局關於房地產稅收政策執行中幾個具體問題的通知》（國稅發〔2005〕172號）執行。

4. 無償受贈房屋轉讓所得

《財政部 國家稅務總局關於個人無償受贈房屋有關個人所得稅問題的通知》（財稅〔2009〕78號）規定，受贈人轉讓受贈房屋的，以其轉讓受贈房屋的收入減除原捐贈人取得該房屋的實際購置成本以及贈予和轉讓過程中受贈人支付的相關稅費後的餘額，為受贈人的應納

稅所得額，依法計徵個人所得稅。受贈人轉讓受贈房屋價格明顯偏低且無正當理由的，稅務機關可以依據該房屋的市場評估價格或其他合理方式確定的價格核定其轉讓收入。

（二）股權轉讓所得

股權轉讓所得是財產轉讓所得中的重點和難點。股權轉讓按照交易方式的不同，可以分為一般股權轉讓、承債式股權轉讓和股票轉讓；按照取得股權（股票）形式的不同，又可以分為限售股轉讓、股權激勵行權後轉讓、改組改制量化資產轉讓等。

1. 一般股權轉讓所得

一般股權轉讓所得除適用財產轉讓所得的一般規定外，又因為股權是一種特殊商品，所以還應遵循其專有的特殊規定。

（1）收回轉讓股權的有關規定：

《國家稅務總局關於納稅人收回轉讓的股權徵收個人所得稅問題的批復》（國稅函〔2005〕130號）規定，股權轉讓合同履行完畢、股權已作變更登記，且所得已經實現的，轉讓人取得的股權轉讓收入應當依法繳納個人所得稅。轉讓行為結束後，當事人雙方簽訂並執行解除原股權轉讓合同、退回股權的協議，是另一次股權轉讓行為，對前次轉讓行為徵收的個人所得稅款不予退回。股權轉讓合同未履行完畢，因執行仲裁委員會做出的解

除股權轉讓合同及補充協議的裁決，停止執行原股權轉讓合同，並原價收回已轉讓股權的，由於其股權轉讓行為尚未完成，收入未完全實現，隨著股權轉讓關係的解除，股權收益不復存在，根據個人所得稅法和徵管法的有關規定，以及從行政行為合理性原則出發，納稅人不應繳納個人所得稅。

（2）股權轉讓違約金的有關規定：

《國家稅務總局關於個人股權轉讓過程中取得違約金收入徵收個人所得稅問題的批復》（國稅函〔2006〕866號）規定，股權成功轉讓後，轉讓方個人因受讓方個人未按規定期限支付價款而取得的違約金收入，屬於因財產轉讓而產生的收入。轉讓方個人取得的該違約金應並入財產轉讓收入，按照「財產轉讓所得」項目計算繳納個人所得稅，稅款由取得所得的轉讓方個人向主管稅務機關自行申報繳納。

（3）股權轉讓計稅依據核定有關規定：

《國家稅務總局關於發布〈股權轉讓所得個人所得稅管理辦法（試行）〉的公告》（2014年第67號）規定：

第十一條　符合下列情形之一的，主管稅務機關可以核定股權轉讓收入：

（一）申報的股權轉讓收入明顯偏低且無正當理由的；

（二）未按照規定期限辦理納稅申報，經稅務機關責令限期申報，逾期仍不申報的；

（三）轉讓方無法提供或拒不提供股權轉讓收入的有關資料；

（四）其他應核定股權轉讓收入的情形。

第十二條　符合下列情形之一，視為股權轉讓收入明顯偏低：

（一）申報的股權轉讓收入低於股權對應的淨資產份額的，其中被投資企業擁有土地使用權、房屋、房地產企業未銷售房產、知識產權、探礦權、採礦權、股權等資產的，申報的股權轉讓收入低於股權對應的淨資產公允價值份額的；

（二）申報的股權轉讓收入低於初始投資成本或低於取得該股權所支付的價款及相關稅費的；

（三）申報的股權轉讓收入低於相同或類似條件下同一企業同一股東或其他股東股權轉讓收入的；

（四）申報的股權轉讓收入低於相同或類似條件下同類行業的企業股權轉讓收入的；

（五）不具合理性的無償讓渡股權或股份；

（六）主管稅務機關認定的其他情形。

第十三條　符合下列條件之一的股權轉讓收入明顯偏低，視為有正當理由：

（一）能出具有效文件，證明被投資企業因國家政策調整，生產經營受到重大影響，導致低價轉讓股權；

（二）繼承或將股權轉讓給其能提供具有法律效力身分關係證明的配偶、父母、子女、祖父母、外祖父母、

孫子女、外孫子女、兄弟姐妹以及對轉讓人承擔直接撫養或者贍養義務的撫養人或者贍養人；

（三）相關法律、政府文件或企業章程規定，並有相關資料充分證明轉讓價格合理且真實的本企業員工持有的不能對外轉讓股權的內部轉讓；

（四）股權轉讓雙方能夠提供有效證據證明其合理性的其他合理情形。

第十四條 主管稅務機關應依次按照下列方法核定股權轉讓收入：

（一）淨資產核定法

股權轉讓收入按照每股淨資產或股權對應的淨資產份額核定。

被投資企業的土地使用權、房屋、房地產企業未銷售房產、知識產權、探礦權、採礦權、股權等資產占企業總資產比例超過20%的，主管稅務機關可參照納稅人提供的具有法定資質的仲介機構出具的資產評估報告核定股權轉讓收入。

6個月內再次發生股權轉讓且被投資企業淨資產未發生重大變化的，主管稅務機關可參照上一次股權轉讓時被投資企業的資產評估報告核定此次股權轉讓收入。

（二）類比法

（1）參照相同或類似條件下同一企業同一股東或其他股東股權轉讓收入核定；

（2）參照相同或類似條件下同類行業企業股權轉讓

收入核定。

(三) 其他合理方法

主管稅務機關採用以上方法核定股權轉讓收入存在困難的,可以採取其他合理方法核定。

2. 承債式股權轉讓

《國家稅務總局關於股權轉讓收入徵收個人所得稅問題的批復》(國稅函〔2007〕244號)規定,公司原全體股東通過簽訂股權轉讓協議,以轉讓公司全部資產方式將股權轉讓給新股東,協議約定時間以前的債權債務由原股東負責,協議約定時間以後的債權債務由新股東負責。原股東取得股權轉讓所得,應按「財產轉讓所得」項目徵收個人所得稅。

應納稅所得額的計算:

(1) 對於原股東取得轉讓收入後,根據持股比例先清收債權、歸還債務後,再對每個股東進行分配的,其應納稅所得額的計算公式為:

應納稅所得額＝(原股東股權轉讓總收入－原股東承擔的債務總額＋原股東收回的債權總額－註冊資本額－股權轉讓過程中的有關稅費)×原股東持股比例

其中,原股東承擔的債務不包括應付未付股東的利潤(下同)。

(2) 對於原股東取得轉讓收入後,根據持股比例對股權轉讓收入、債權債務進行分配的,其應納稅所得額的計算公式為:

應納稅所得額＝原股東分配取得股權轉讓收入＋原股東清收公司債權收入－原股東承擔公司債務支出－原股東向公司投資成本

3. 股票轉讓所得

《財政部　國家稅務總局關於個人轉讓股票所得繼續暫免徵收個人所得稅的通知》（財稅字〔1998〕61號）規定，為了配合企業改制，促進國內股票市場的穩健發展，國務院決定，對個人轉讓境內上市公司股票取得的所得繼續暫免徵收個人所得稅。居民個人轉讓境外上市公司股票應該按照規定計算繳納個人所得稅。

4. 限售股轉讓所得

限售股是指：

（1）上市公司股權分置改革完成後股票復牌日之前股東所持原非流通股股份，以及股票復牌日至解禁日期間由上述股份孳生的送股、轉股；

（2）2006年股權分置改革新老劃斷後，首次公開發行股票並上市的公司形成的限售股，以及上市首日至解禁日期間由上述股份孳生的送股、轉股；

（3）個人從機構或其他個人受讓的未解禁限售股；

（4）個人因依法繼承或家庭財產依法分割取得的限售股；

（5）個人持有的從代辦股份轉讓系統轉到主板市場（或中小板、創業板市場）的限售股；

（6）上市公司吸收合併中，個人持有的原被合併方

公司限售股所轉換的合併方公司股份；

（7）上市公司分立時，個人持有的被分立方公司限售股所轉換的分立後公司股份；

（8）財政部、國家稅務總局、法制辦和證監會共同確定的其他限售股。

《財政部、國家稅務總局、中國證券監督管理委員會關於個人轉讓上市公司限售股所得徵收個人所得稅有關問題的通知》（財稅〔2009〕167號）、《財政部、國家稅務總局、中國證券監督管理委員會關於個人轉讓上市公司限售股所得徵收個人所得稅有關問題的補充通知》（財稅〔2010〕70號）、《財政部、國家稅務總局關於證券機構技術和制度準備完成後個人轉讓上市公司限售股有關個人所得稅問題的通知》（財稅〔2011〕108號）規定，自2010年1月1日起，對個人轉讓限售股取得的所得，按照「財產轉讓所得」，適用20%的比例稅率徵收個人所得稅。個人轉讓限售股，以每次限售股轉讓收入，減除股票原值和合理稅費後的餘額，為應納稅所得額。即：

應納稅所得額＝限售股轉讓收入－（限售股原值＋合理稅費）

應納稅額＝應納稅所得額×20%

如果納稅人未能提供完整、真實的限售股原值憑證，不能準確計算限售股原值的，主管稅務機關一律按限售股轉讓收入的15%核定限售股原值及合理稅費。

限售股轉讓所得個人所得稅，以限售股持有者為納

稅義務人，以個人股東開戶的證券機構為扣繳義務人。限售股個人所得稅由證券機構所在地主管稅務機關負責徵收管理。

納稅人同時持有限售股及該股流通股的，其股票轉讓所得，按照限售股優先原則，即轉讓股票視同先轉讓限售股，按規定計算繳納個人所得稅。

5. 股權激勵行權（實施）後股票再轉讓所得

股權激勵是一種通過經營者獲得公司股權形式給予企業經營者一定的經濟權利，使他們能夠以股東的身分參與企業決策、分享利潤、承擔風險，從而勤勉盡責地為公司的長期發展服務的一種激勵方法。股權激勵的主要模式有：股票期權、股票增值權、限制性股票等。

股票期權是指上市公司按照規定的程序授予本公司及其控股企業員工的一項權利，該權利允許被授權員工在未來時間內以某一特定價格購買本公司一定數量的股票。

股票增值權，是指上市公司授予公司員工在未來一定時期和約定條件下，獲得規定數量的股票價格上升所帶來收益的權利。被授權人在約定條件下行權，上市公司按照行權日與授權日二級市場股票差價乘以授權股票數量，發放給被授權人現金。

限制性股票，是指上市公司按照股權激勵計劃約定的條件，授予公司員工一定數量本公司的股票。

《財政部、國家稅務總局關於個人股票期權所得徵收個人所得稅問題的通知》（財稅〔2005〕35號）、《國家稅務總局關於個人股票期權所得繳納個人所得稅有關問題的補充通知》（國稅函〔2006〕902號）規定，員工將股權激勵行權（或實施）後的股票（或取得時即是直接可公開交易的股票期權）再轉讓時獲得的高於購買日公平市場價的差額，是因個人在證券二級市場上轉讓股票等有價證券而獲得的所得，應按照「財產轉讓所得」適用的徵免規定計算繳納個人所得稅。即：個人將行權後的境內上市公司股票再行轉讓而取得的所得，暫不徵收個人所得稅；個人轉讓境外上市公司的股票而取得的所得，應按稅法的規定計算應納稅所得額和應納稅額，依法繳納稅款。

6. 改組改制量化資產轉讓所得

《國家稅務總局關於企業改組改制過程中個人取得的量化資產徵收個人所得稅問題的通知》（國稅發〔2000〕60號）規定，對職工個人以股份形式取得的擁有所有權的企業量化資產，暫緩徵收個人所得稅；待個人將股份轉讓時，就其轉讓收入額，減除個人取得該股份時實際支付的費用支出和合理轉讓費用後的餘額，按「財產轉讓所得」項目計徵個人所得稅。

7. 終止投資經營收回款項的處理

《國家稅務總局關於個人終止投資經營收回款項徵收個人所得稅問題的公告》（2011年第41號公告）規定，

個人因各種原因終止投資、聯營、經營合作等行為，從被投資企業或合作項目、被投資企業的其他投資者以及合作項目的經營合作人取得股權轉讓收入、違約金、補償金、賠償金及以其他名目收回的款項等，均屬於個人所得稅應稅收入，應按照「財產轉讓所得」項目適用的規定計算繳納個人所得稅。

應納稅所得額的計算公式如下：

應納稅所得額＝個人取得的股權轉讓收入、違約金、補償金、賠償金及以其他名目收回款項合計數－原實際出資額（投入額）及相關稅費

（三）其他財產轉讓所得

其他財產轉讓所得主要有債權轉讓、債券轉讓、虛擬貨幣轉讓、非貨幣性資產投資交換、合夥企業中的財產份額以及財產拍賣等轉讓所得。

1. 債權轉讓所得

《國家稅務總局關於個人因購買和處置債權取得所得徵收個人所得稅問題的批復》（國稅函〔2005〕655號）規定，個人通過招標、競拍或其他方式購置債權以後，通過相關司法或行政程序主張債權而取得的所得，應按照「財產轉讓所得」項目繳納個人所得稅。個人通過上述方式取得「打包」債權，只處置部分債權的，其應納稅所得額按以下方式確定：

（1）以每次處置部分債權的所得，作為一次財產轉

讓所得徵稅。

（2）其應稅收入按照個人取得的貨幣資產和非貨幣資產的評估價值或市場價值的合計數確定。

（3）所處置債權成本費用（即財產原值），按下列公式計算：

當次處置債權成本費用＝個人購置「打包」債權實際支出×當次處置債權帳面價值（或拍賣機構公布價值）÷「打包」債權帳面價值（或拍賣機構公布價值）

個人購買和處置債權過程中發生的拍賣招標手續費、訴訟費、審計評估費以及繳納的稅金等合理稅費，允許在計算個人所得稅時扣除。

2. 債券轉讓所得

《國家稅務總局關於印發〈徵收個人所得稅若干問題的規定〉的通知》（國稅發〔1994〕89號）規定，轉讓債權（券），採用加權平均法確定其應予減除的財產原值和合理費用。即以納稅人購進的同一種類債券買入價和買進過程中繳納的稅費總和，除以納稅人購進的該種類債券數量之和，乘以納稅人賣出的該種類債券數量，再加上賣出的該種類債券過程中繳納的稅費。用公式表示為：

一次賣出某一種類債券允許扣除的買入價和費用＝（納稅人購進的該種類債券買入價和買進過程中繳納的稅費總和／納稅人購進的該種類債券總數量）×一次賣出該種類債券的數量＋賣出該種類債券過程中繳納的稅費

第四章　個人所得稅稅款計算

3. 虛擬貨幣轉讓所得

《國家稅務總局關於個人通過網絡買賣虛擬貨幣取得收入徵收個人所得稅問題的批復》（國稅函〔2008〕818號）規定，個人通過網絡收購玩家的虛擬貨幣，加價後向他人出售取得的收入，屬於個人所得稅應稅所得，應按照「財產轉讓所得」項目計算繳納個人所得稅。

個人銷售虛擬貨幣的財產原值為其收購網絡虛擬貨幣所支付的價款和相關稅費。

個人不能提供有關財產原值憑證的，由主管稅務機關核定其財產原值。

4. 非貨幣性資產投資及轉讓所得

《國家稅務總局關於個人以股權參與上市公司定向增發徵收個人所得稅問題的批復》（國稅函〔2011〕89號）規定，自然人以其所持股權評估增值後，參與定向增發股票，屬於股權轉讓行為，其取得的所得應按照「財產轉讓所得」項目繳納個人所得稅。

《關於個人非貨幣性資產投資有關個人所得稅政策的通知》（財稅〔2015〕41號）再次明確，個人以非貨幣性資產投資，屬於個人轉讓非貨幣性資產和投資同時發生。對個人轉讓非貨幣性資產的所得，應按照「財產轉讓所得」項目依法計算繳納個人所得稅。同時，納稅人一次性繳稅有困難的，可合理確定分期繳納計劃並報主管稅務機關備案後，自發生上述應稅行為之日起不超過5個公歷年度內（含）分期繳納個人所得稅。

5. 財產拍賣所得

《國家稅務總局關於加強和規範個人取得拍賣收入徵收個人所得稅有關問題的通知》（國稅發〔2007〕38號）規定，個人拍賣除文字作品原稿及複印件外的其他財產，應以其轉讓收入額減除財產原值和合理費用後的餘額為應納稅所得額，按照「財產轉讓所得」項目適用20%稅率計算繳納個人所得稅。對個人財產拍賣所得徵收個人所得稅時，以該項財產最終拍賣成交價格為其轉讓收入額。

個人財產拍賣所得適用「財產轉讓所得」項目計算應納稅所得額時，納稅人憑合法有效憑證（稅務機關監制的正式發票、相關境外交易單據或海關報關單據、完稅證明等），從其轉讓收入額中減除相應的財產原值、拍賣財產過程中繳納的稅金及有關合理費用。

如納稅人不能提供合法、完整、準確的財產原值憑證，不能正確計算財產原值的，按轉讓收入額的3%徵收率計算繳納個人所得稅；拍賣品經文物部門認定是海外回流文物的，按轉讓收入額的2%徵收率計算繳納個人所得稅。

納稅人的財產原值憑證內容填寫不規範，或者一份財產原值憑證包括多件拍賣品且無法確認每件拍賣品一一對應的原值的，不得將其作為扣除財產原值的計算依據，應視為不能提供合法、完整、準確的財產原值憑證，並按上述規定的徵收率計算繳納個人所得稅。

納稅人能夠提供合法、完整、準確的財產原值憑證，

但不能提供有關稅費憑證的，不得按徵收率計算納稅，應當就財產原值憑證上註明的金額據實扣除，並按照稅法規定計算繳納個人所得稅。

個人財產拍賣所得應納的個人所得稅稅款，由拍賣單位負責代扣代繳，並按規定向拍賣單位所在地主管稅務機關辦理納稅申報。

四、應納稅額的計算

其計算公式為：

應納稅額＝應納稅所得額×適用稅率
＝（財產轉讓所得－財產原值－按規定支付的合理費用）×20%

五、納稅方式、納稅期限和納稅地點

(一) 納稅方式

財產轉讓所得，按每次轉讓財產取得的收入計徵個人所得稅。個人股權轉讓所得個人所得稅，以股權轉讓方為納稅人，以受讓方即支付所得的購買方為扣繳義務人，代扣代繳個人所得稅（限售股的扣繳義務人較為特別，為個人股東開戶的證券機構）。取得財產轉讓收入沒有扣繳義務人的，或者扣繳義務人未扣繳稅款的，納稅義務人應自行申報繳納個人所得稅。需要特別注意的是，

非貨幣性資產投資取得的所得屬於自行申報範疇。

（二）納稅期限

扣繳義務人所扣的稅款和納稅人因沒有扣繳義務人而自行申報的稅款，都應當在次月 15 日前辦理納稅申報。

（三）納稅地點

財產轉讓所得，由扣繳義務人向其所在地主管稅務機關申報納稅；自行申報的納稅人，應向取得所得的當地主管稅務機關申報納稅。

非貨幣性資產投資個人所得稅由納稅人向主管稅務機關自行申報繳納。納稅人以不動產投資的，以不動產所在地稅務機關為主管稅務機關；納稅人以其持有的企業股權對外投資的，以該企業所在地稅務機關為主管稅務機關；納稅人以其他非貨幣性資產投資的，以被投資企業所在地稅務機關為主管稅務機關。

個人股東股權轉讓所得個人所得稅以發生股權變更企業所在地的地稅機關為主管稅務機關。納稅人或扣繳義務人應到主管稅務機關辦理納稅申報和稅款入庫手續。

個人財產拍賣所得應納的個人所得稅稅款，由拍賣單位負責代扣代繳，並按規定向拍賣單位所在地主管稅務機關辦理納稅申報。

限售股轉讓所得個人所得稅，以限售股持有者為納稅義務人，以個人股東開戶的證券機構為扣繳義務人。

第四章 個人所得稅稅款計算

限售股個人所得稅由證券機構所在地主管稅務機關負責徵收管理。

六、操作實例

【案例 4-18】

汪某 2018 年購買一套住房用於居住，買價 500,000 元，支付相關稅費 22,500 元，裝修花費 200,000 元。2020 年王某將該房屋以 750,000 元的價格賣出，並且支付相關稅費 41,250 元。請計算王某銷售房屋應繳納的個人所得稅。

解：房屋原值＝500,000＋22,500＝522,500（元）

實際支付的稅費＝41,250（元）

合理費用之裝修費＝522,500×10%＝52,250（元）

（根據國稅發〔2006〕108 號的規定，轉讓的住房在轉讓前實際發生的裝修費用，可在以下規定比例內扣除：已購公有住房、經濟適用房，最高扣除限額為房屋原值的 15%；商品房及其他住房，最高扣除限額為房屋原值的 10%。）

應繳個人所得稅稅額＝（750,000－522,500－41,250－52,250）×20%＝134,000×20%＝26,800（元）

【案例 4-19】

滕某和鄧某於 2018 年結婚並且共同購買一套新房，購買價款 600,000 元，支付相關稅費 24,300 元，裝修花

費 200,000 元。2019 年，兩人因感情不和，協議離婚。協議載明滕某擁有房屋產權比例為 80%，鄧某擁有房屋產權比例為 20%。離婚後兩人及時將房屋以 800,000 元價格售出，並支付相關稅費 44,000 元。請分別計算滕某和鄧某應繳納的個人所得稅。

解：房屋原值 = 600,000+24,300 = 624,300（元）

實際支付的稅費 = 44,000（元）

合理費用之裝修費 = 624,300×10% = 62,430（元）

滕某應繳納個人所得稅 =（800,000−624,300−44,000−62,430）×80%×20% = 11,083.2（元）

鄧某應繳納個人所得稅 =（800,000−624,300−44,000−62,430）×20%×20% = 2,770.8（元）

【案例 4-20】

邱某於 2016 年購買一處房產，支付價款 500,000 元。2018 年，邱某將自己擁有的這處房產投資於朋友的一家公司，換取 30% 的股權，投資時房產評估價值為 3,500,000 元。請計算邱某股權轉讓應繳納的個人所得稅。

解：2018 年，邱某將房產投資公司，屬於個人非貨幣性資產投資，股權的計稅基礎 = 500,000（元）

股權轉讓所得 = 3,500,000−500,000 = 3,000,000（元）

個人所得稅 = 3,000,000×20% = 600,000（元）

根據財稅〔2015〕41 號的規定，如邱某一次性繳稅有困難，經報主管稅務機關備案後，可在不超過 5 個公歷年度內分期繳納個人所得稅。

第九節　財產租賃所得

一、徵稅範圍

個人出租不動產、機器設備、車船以及其他財產取得的所得，應按「財產租賃所得」稅目繳納個人所得稅。

個人取得的財產轉租收入，也屬於「財產租賃所得」徵稅範圍，由財產轉租人繳納個人所得稅。

在實際徵稅過程中，有時會出現財產租賃所得的納稅人不明確的情況，對此，在確定財產租賃所得的納稅義務人時，應以產權憑證為依據；無產權憑證的，由主管稅務機關根據實際情況確定。產權所有人死亡，在未辦理產權繼承手續期間，該財產出租而有租金收入的，以領取租金的個人為納稅義務人。

二、適用稅率

財產租賃所得，適用20%的比例稅率。

對個人按市場價格出租的居民住房取得的所得，自2001年1月1日起，暫減按10%的稅率徵收個人所得稅。

三、應納稅所得額的確定

財產租賃所得一般以個人每次取得的收入按定額或定率減除規定費用後的餘額為應納稅所得額。在計算應納稅所得額時，應依次扣除以下費用：

(1) 財產租賃過程中繳納的稅費。在確定財產租賃所得的應納稅所得額時，納稅人在出租財產過程中繳納的稅金和教育費附加，可持完稅（繳款）憑證，從其財產租賃收入中扣除。

(2) 向出租方支付的租金。屬於轉租的，還應扣除向出租方支付的租金。

(3) 納稅人負擔的該出租財產實際開支的修繕費用。對於被出租財產實際開支的修繕費用，如納稅人能夠提供有效、準確憑證，證明確實由該納稅人實際負擔的，在計徵個人所得稅時，準予從財產租賃收入中扣除。允許扣除的修繕費用以每次 800 元為限，一次扣除不完的，準予在下一次繼續扣除，直到扣完為止。

(4) 稅法規定的費用扣除標準。在扣除以上費用以後，按稅法規定，還可定額或定率扣除一定的費用。每次收入不超過 4,000 元的，定額減除費用 800 元；每次收入在 4,000 元以上的，定率減除 20%的費用。其應納稅所得額的計算公式為：

①每次（月）收入不超過 4,000 元的：

第四章　個人所得稅稅款計算

應納稅所得額＝每次（月）收入−準予扣除項目−修繕費用（800元為限）−800元

②每次（月）收入超過4,000元的：

應納稅所得額＝［每次（月）收入−準予扣除項目−修繕費用（800元為限）］×（1−20%）

財產租賃所得應關注的幾種特殊形式的稅務處理：

（1）共有房屋出租納稅人的確定。

確認財產租賃所得的納稅義務人，應以產權憑證為依據。房屋產權共有人都是個人所得稅納稅義務人。兩個或者兩個以上的個人共同取得同一項目收入的，應當對每個人取得的收入分別按照稅法規定減除費用後計算納稅。

（2）個人投資設備的處理。

《國家稅務總局關於個人投資設備取得所得徵收個人所得稅問題的批復》（國稅函〔2000〕540號）規定，個人和醫院簽訂協議，規定由個人出資購買醫療儀器或設備交醫院使用，取得的收入扣除有關費用後，剩餘部分雙方按一定比例分成；醫療儀器或設備使用達到一定年限後，產權歸醫院所有，但收入繼續分成。個人的上述行為，實際上是一種具有投資特徵的融資租賃行為。根據個人所得稅法的有關法規精神和以上事實，對上述個人取得的分成所得，應按照「財產租賃所得」項目徵收個人所得稅，具體計徵辦法為：自合同生效之日起至財產產權發生轉移之日止，個人取得的分成所得可在上述

年限內按月平均扣除設備投資後，就其餘額按稅法法規計徵個人所得稅；產權轉移後，個人取得的全部分成收入應按稅法法規計徵個人所得稅。稅款由醫院在向個人支付所得時代扣代繳。

（3）個人與房地產開發企業簽訂有條件優惠價格協議購買商店的處理。

《國家稅務總局關於個人與房地產開發企業簽訂有條件優惠價格協議購買商店徵收個人所得稅問題的批復》（國稅函〔2008〕576號）規定，房地產開發企業與商店購買者個人簽訂協議，規定房地產開發企業按優惠價格出售其開發的商店給購買者個人，但購買者個人在一定期限內必須將所購買的商店無償提供給房地產開發企業對外出租使用。其實質是購買者個人以所購商店交由房地產開發企業出租而取得的房屋租賃收入支付了部分購房價款。

根據個人所得稅法的有關規定精神，對上述情形的購買者個人少支出的購房價款，應視同個人財產租賃所得，按照「財產租賃所得」項目徵收個人所得稅。每次財產租賃所得的收入，按照少支出的購房價款和協議規定的租賃月份數平均計算確定。

（4）個人轉租房屋的處理。

《國家稅務總局關於個人轉租房屋取得收入徵收個人所得稅問題的通知》（國稅函〔2009〕639號）規定，個人將承租房屋轉租取得的租金收入，屬於個人所得稅應

稅所得，應按「財產租賃所得」項目計算繳納個人所得稅。取得轉租收入的個人向房屋出租方支付的租金，憑房屋租賃合同和合法支付憑據，允許在計算個人所得稅時，從該項轉租收入中扣除。

(5) 個人轉租使用權的處理。

《國家稅務總局關於轉租淺海灘塗使用權收入徵收個人所得稅問題的批復》（國稅函〔2002〕1158號）規定，個人轉租灘塗使用權取得的收入，應按照「財產租賃所得」應稅項目徵收個人所得稅，其每年實際上交村民委員會的承包費可以在稅前扣除；同時，個人一併轉讓原海灘的設施和剩餘文蛤的所得應按照「財產轉讓所得」應稅項目徵收個人所得稅。

四、應納稅額的計算

其計算公式為：

應納稅額＝應納稅所得額×適用稅率
＝應納稅所得額×20%（10%）

五、納稅方式、納稅期限和納稅地點

(一) 納稅方式

財產租賃所得，按次計徵，以一個月內取得的收入為一次。以支付租賃收入的單位或個人為扣繳義務人，

代扣代繳個人所得稅。取得租賃收入沒有扣繳義務人的，或扣繳義務人未扣繳稅款的，納稅義務人應自行申報繳納個人所得稅。

(二) 納稅期限

扣繳義務人所扣的稅款和納稅人因沒有扣繳義務人而自行申報的稅款，都應當在次月 15 日前辦理納稅申報。

(三) 納稅地點

財產租賃所得，由扣繳義務人向其所在地主管稅務機關申報納稅；自行申報的納稅人，應按規定向當地主管稅務機關申報納稅。

六、操作實例

【案例4-21】

張某於 2019 年 1 月份將其自有的一間門面出租給一個體業主，租期 2 年，一次性收取兩年租金 100,000 元，實際繳納附加 5,500 元，房產稅、土地使用稅 13,000 元。2019 年 1 月份，張某因房屋漏水而進行了簡單維修，發生維修費用 1,200 元（取得合法有效憑證）。請計算張某房屋租賃應該繳納的個人所得稅。

解：(1) 不扣除修繕費用的月份的個人所得稅計算

首先判斷該項收入是定額還是定率扣除。

因為 100,000÷24－(5,500+13,000)÷24<4,000，所以適用定額扣除。

每月個人所得稅＝［100,000÷24－(5,500+13,000)÷24－800］×20%＝519.17（元）

（2）扣除修繕費用月份個人所得稅的計算

修繕費用按照實際發生數限額扣除 800 元，即 2019 年 1 月份扣除 800 元，2 月份扣除 400 元。

2019 年 1 月個人所得稅＝［100,000÷24－(5,500+13,000)÷24－800－800］×20%＝359.17（元）

2019 年 2 月個人所得稅＝［100,000÷24－(5,500+13,000)÷24－800－400］×20%＝439.17（元）

張某房屋租賃應繳納個人所得稅＝519.17×22＋359.17+439.17＝12,220.08（元）

第十節　偶然所得

一、徵稅範圍

偶然所得是指個人得獎、中獎、中彩以及其他偶然性質的所得。

中國過去對個人所得的徵稅都沒有明確規定對個人偶然所得徵稅。自 1988 年 9 月起，才有關於對中獎收入徵收個人收入調節稅的規定。偶然所得的不確定性、不

可預見性、偶然性和多樣性,會對徵稅範圍的確定帶來困難,因此,除《中華人民共和國個人所得稅法實施條例》規定的得獎、中獎、中彩等所得外,其他偶然性所得的徵稅問題,還需要由稅務機關具體認定。

二、適用稅率

偶然所得適用 20% 的比例稅率,以每次收入額為應納稅所得額。

三、應納稅所得額及應納稅額的計算

偶然所得以個人每次取得的收入額為應納稅所得額,不扣除任何費用。除有特殊規定外,個人的每次收入額就是應納稅所得額,以每次取得該項收入為一次。

個人取得的偶然所得,包括現金、實物和有價證券。所得為實物的,應當按照取得的憑證上所註明的價格計算應納稅所得額;無憑證的實物或者憑證上所註明的價格明顯偏低的,由主管稅務機關參照當地的市場價格核定應納稅所得額。所得為有價證券的,由主管稅務機關根據票面價格和市場價格核定應納稅所得額。

應納稅額的計算公式為:

應納稅額＝應納稅所得額×適用稅率＝每次收入額×20%

四、納稅方式、納稅地點及納稅時間

(一) 納稅方式

偶然所得,按次計徵,以支付偶然所得的單位或個人為扣繳義務人,代扣代繳個人所得稅。取得偶然所得時,支付單位或個人未按規定代扣代繳稅款的,納稅義務人應自行申報繳納個人所得稅。

(二) 納稅地點

偶然所得,由扣繳義務人向其所在地主管稅務機關申報納稅;自行申報的納稅人,應按規定向當地主管稅務機關申報納稅。

(三) 納稅時間

扣繳義務人所扣的稅款,都應當在次月 15 日前辦理納稅申報。

五、偶然所得的免稅規定

個人所得稅的偶然所得沒有起徵點的規定,但以下情況除外:

(1) 對個人購買社會福利有獎募捐獎券收入,一次中獎收入不超過 10,000 元(含 10,000 元)的,暫免徵收

個人所得稅；對一次中獎收入超過 10,000 元的，應按稅法規定全額徵稅。

（2）對個人購買體育彩票中獎收入，凡一次中獎收入不超過 10,000 元（含 10,000 元）的，暫免徵收個人所得稅；超過 10,000 元的，應按稅法規定全額徵稅。

（3）個人取得單張有獎發票獎金所得不超過 800 元（含 800 元）的，暫免徵收個人所得稅；個人取得單張有獎發票獎金所得超過 800 元的，應全額徵收個人所得稅。

六、操作實例

偶然所得的個人所得稅計算又分為具有所有權的收入和只有使用權而沒有所有權的收入兩種情況。

1. 具有所有權的偶然所得

【案例 4-22】

2019 年 1 月 8 日，陳軍和林祥分別獲得體育彩票三等獎和四等獎，三等獎是 11,000 元，四等獎是 9,900 元。

解：按規定，一次中獎收入不超過 1 萬元的，暫免徵收個人所得稅；超過 1 萬元的，全額徵稅。對彩票中獎收入該不該徵稅，主要是看中獎收入是否超過 1 萬元，這個 1 萬元是總額的概念。因此，林祥獲得的 9,900 元獎金不徵稅，而陳軍得到的 11,000 元獎金要全額計算納稅。

陳軍應納稅額 = 應納稅所得額 × 適用稅率 = 11,000 × 20% = 2,200（元）。

再如陳軍將獎金 11,000 元通過民政部門向希望小學捐贈 1,001 元（可全額扣除），他實際得到的是 9,999 元，但他的收入仍應該徵稅，因為他的中獎收入是 11,000 元而不是 9,999 元。

（1）由於 1,001÷11,000＝9.1%＜30%，因此 1,001 元捐贈可以全額扣除；

（2）應納稅所得額＝偶然所得－可扣除捐贈額＝11,000－1,001＝9,999（元）；

（3）應納稅額＝應納稅所得額×適用稅率＝9,999×20%＝1,999.8（元）；

（4）實際可得金額為：11,000－1,001－1,999.8＝7,999.2（元）。

2. 只有使用權而沒有所有權的偶然所得

【案例 4-23】

2019 年 2 月，某房產公司舉辦購房有獎活動，規定特等獎為一套價值 30 萬元的住房的 5 年免費使用權（5 年內可以由中獎者自住，也可出租，5 年後歸還房子），一等獎為一部桑塔納轎車的 5 年免費使用權。曾某中了特等獎，隨即他將房子出租出去（假設沒有裝修），月租金收入為 2,000 元（假設該房子折舊年限為 20 年，不計殘值）。計算其應納個人所得稅。

解：對於如何確定使用權收入，目前相關規定沒有

明確。但從以上情況分析，比較合理的辦法是以免費使用期間房子的折舊費為收入。從會計角度講，折舊提完，房子也就沒有價值了，而中獎者取得的只是折舊期內一段時間的免費使用權。曾某中獎收入可以以該房子5年的折舊費用計算，即價值30萬元的房子20年折舊，每年折舊1.5萬元，5年共計折舊7.5萬元，這7.5萬元就是曾某的收入。因此，曾某應納個人所得稅＝7.5×20%＝1.5（萬元）。

曾某又將房子出租，每月收入2,000元也要繳納個人所得稅。假設該租金收入每月繳納有關稅費110元，則其應納個人所得稅＝（2,000-110-800）×10%＝109（元）。

第十一節　熱點銜接政策及其稅款計算

一、全年一次性獎金政策

（一）最新政策規定

2019年1月1日至2021年12月31日，居民個人取得全年一次性獎金，可以自行選擇以下方案：

方案一：不並入當年綜合所得，單獨計算納稅。

方案二：並入當年綜合所得計算納稅。

1. 選擇不並入當年綜合所得，計算稅額

（1）條件確認：需符合《國家稅務總局關於調整個人取得全年一次性獎金等計算徵收個人所得稅方法問題的通知》（國稅發〔2005〕9號）規定，判斷屬於全年一次性獎金範圍，以及該辦法在一個納稅年度內只允許使用一次。

（2）找稅率：以全年一次性獎金收入除以12個月得到的數額，按照綜合所得月度稅率表，確定適用稅率和速算扣除數。

（3）算稅額：將全部的全年一次性獎金金額單獨作為一次收入，計算應納稅額。其計算公式：

應納稅額＝全年一次性獎金收入×適用稅率－速算扣除數

2. 選擇並入當年綜合所得計算納稅，計算稅額

內容略。

3. 比較兩者稅負差異，確定最終選擇的方案

內容略。

註：政策有效期3年。自2022年1月1日起，居民個人取得全年一次性獎金，應並入當年綜合所得計算繳納個人所得稅。

【案例4-24】

某企業2019年年底發放全年績效獎勵，企業高管陽某獲得獎金12萬元。除該項獎金外，全年已累計取得工

資薪金收入 11 萬元（已扣「三險一金」）、勞務報酬所得 2 萬元，無專項附加扣除等其他扣除項。陽某應如何選擇並納稅？

1. 假設選擇不並入綜合所得

全年績效獎勵：120,000÷12＝10,000（元），對照綜合所得月度稅率表，確定適用稅率10%，速算扣除數210元。

應納稅額＝120,000×10%－210＝11,790（元）

綜合所得：

應納稅額＝（110,000＋20,000－基本減除費用60,000）×10%－2,520＝4,480（元）

全年合計納稅 11,790＋4,480＝16,270（元）

2. 假設選擇並入綜合所得

應納稅所得額＝全年績效獎勵120,000＋工資收入110,000＋勞務報酬20,000－基本減除費用60,000＝190,000（元）

應納稅額＝190,000×20%－16,920＝21,080（元）

3. 比較兩種選擇

稅額差異＝21,080－16,270＝4,810（元），選擇不並入綜合所得單獨計稅方案為佳。

【案例4-25】

接上例4-24，假設陽某全年績效獎勵2萬元，日常工資薪金收入5萬元，其餘條件不變。

1. 假設選擇不並入綜合所得

全年績效獎勵應納稅額600元，綜合所得應納稅額

300元，全年合計應納稅900元。

2. 假設選擇並入綜合所得

應納稅額＝（20,000+50,000+20,000-60,000）×3%=900（元）

3. 比較兩種選擇

稅負無差異，可以任選一種方案計稅。

【案例4-26】

仍接上例4-24，假設專項附加扣除金額10萬元，其餘條件不變。

1. 假設選擇不並入綜合所得

全年績效獎勵應納稅額11,790元，綜合所得應納稅額0元，全年合計應納稅11,790元。

2. 假設選擇並入綜合所得

應納稅額＝（120,000＋110,000＋20,000－60,000－專項附加扣除100,000）×10%－2,520＝6,480（元）

3. 比較兩種選擇

稅負差異＝11,790－6,480＝5,310（元），選擇並入綜合所得計稅方案更划算。

綜合以上3個案例可見，選擇並入綜合所得計稅或者適用全年一次性獎金政策單獨計稅，與收入構成和數額大小、專項附加扣除額大小相關，在現實情況中因人而異，納稅人千萬注意，不要掉入選擇全年一次性獎金單獨計稅就更省錢的思維慣性陷阱，而應在比較稅負差異後合理選擇計稅方法。

（二）年終獎臨界點

納稅人經常抱怨獎金多發了1元錢，扣稅後到手的獎金反而還比不發這1元錢的獎金低，也就是人們常說的「年終獎多發一元，到手收入少千元」現象。其實只要是存在超額累進稅率，年終獎臨界點這個問題無論稅改前後就都會存在。

比如，3.6萬元就是一個臨界點，如果發放3.6萬元年終獎，個人所得稅需要繳納36,000×3%=1,080元，到手34,920元。如果多發1元，即發放36,001元年終獎，個人所得稅需要繳納36,001×10%−210=3,390.1元，到手32,610.9元。相比之下，多發1元年終獎，到手收入反而少了2,309.1元。

在此提醒讀者，要注意新的年終獎臨界點（見表4-7），並且可以通過選擇全年一次性獎金是否並入綜合所得計算，以及合理分配計算綜合所得的金額，達到降低稅負的目的。

第四章　個人所得稅稅款計算

表 4-7　一次性年獎臨界點概覽

單位：元

稅前年終獎	除以 12 的商數	適用稅率(%)	應納稅額	多發獎金額	增加稅額	稅後年終獎
36,000.00	3,000.00	3	1,080.00			34,920.00
36,001.00	3,000.08	10	3,390.10	1.00	2,310.10	32,610.90
38,566.67	3,213.89	10	3,646.67	2,566.67	2,566.67	34,920.00
144,000.00	12,000.00	10	14,190.00			129,810.00
144,001.00	12,000.08	20	27,390.20	1.00	13,200.20	116,610.80
160,500.00	13,375.00	20	30,690.00	16,500.00	16,500.00	129,810.00
300,000.00	25,000.00	20	58,590.00			241,410.00
300,001.00	25,000.08	25	72,340.25	1.00	13,750.25	227,660.75
318,333.33	26,527.78	25	76,923.33	18,333.33	18,333.33	241,410.00
420,000.00	35,000.00	25	102,340.00			317,660.00
420,001.00	35,000.08	30	121,590.30	1.00	19,250.30	298,410.70
447,500.00	37,291.67	30	129,840.00	27,500.00	27,500.00	317,660.00
660,000.00	55,000.00	30	193,590.00			466,410.00
660,001.00	55,000.08	35	223,840.35	1.00	30,250.35	436,160.65
706,538.46	58,878.21	35	240,128.46	46,538.46	46,538.46	466,410.00
960,000.00	80,000.00	35	328,840.00			631,160.00
960,001.00	80,000.08	45	416,840.45	1.00	38,000.45	543,160.55

207

二、中央企業負責人年度績效薪金延期兌現收入和任期獎勵的政策

中央企業負責人取得年度績效薪金延期兌現收入和任期獎勵，符合國稅發〔2007〕118號規定的，在2021年12月31日前，參照全年一次性獎金政策執行。此處不再贅述。

三、保險行銷員稅收政策

(一) 最新政策規定

《財政部 稅務總局關於個人所得稅法修改後有關優惠政策銜接問題的通知》（財稅〔2018〕164號）對保險公司行銷員個稅計算方式進行了明確，原文如下：

保險行銷員、證券經紀人取得的佣金收入，屬於勞務報酬所得，以不含增值稅的收入減除20%的費用後的餘額為收入額，收入額減去展業成本以及附加稅費後，並入當年綜合所得，計算繳納個人所得稅。保險行銷員、證券經紀人展業成本按照收入額的25%計算。

扣繳義務人向保險行銷員、證券經紀人支付佣金收入時，應按照《個人所得稅扣繳申報管理辦法（試行）》（國家稅務總局公告2018年第61號）規定的累計預扣法計算預扣稅款。

第四章　個人所得稅稅款計算

政策主要明確了三點：展業成本由40%調整為25%，明確了計稅方法，支付時按累計預扣法計算預扣稅款（適用綜合所得年度稅率表）。其計算公式：

本期應預扣預繳稅額＝(累計預扣預繳應納稅所得額×預扣率－速算扣除數)－累計減免稅額－累計已預扣預繳稅額

累計預扣預繳應納稅所得額＝累計收入額－累計減除費用－累計其他扣除

其中，收入額按不含增值稅的收入減除20%費用後的餘額計算；累計減除費用按照5,000元/月乘以納稅人當年截至本月在本單位的從業月份數計算；其他扣除按照展業成本、附加稅費和依法確定的其他扣除計算，展業成本＝佣金收入（不含增值稅）×（1-20%）×25%。

【案例4-27】

王某為某保險公司保險行銷員，2019年每月取得佣金收入20,000元，假設專項附加扣除金額每月2,000元，三險一金扣除金額每月1,000元，佣金收入為不含增值稅收入，未另取得收入。不考慮其他因素的情況下，計算其涉及的個人所得稅稅額。

解：因保險行銷與勞務報酬涉及的專項附加扣除和「三險一金」的扣除環節還未完全明確，分別假設以下情形。如總局有新規定，從其規定。

月佣金收入20,000元小於100,000元，免徵增值稅及附加。

情形一：專項附加扣除和「三險一金」均在預扣預繳環節扣除。

預扣預繳環節：

1月，預扣預繳應納稅所得額=佣金收入20,000×（1-20%）-基本減除費用5,000-展業成本20,000×（1-20%）×25%-專項附加扣除2,000-「三險一金」1,000=4,000（元）

本期應預扣預繳稅額=4,000×3%=120（元）

2月，累計預扣預繳應納稅所得額=佣金收入40,000×（1-20%）-基本減除費用5,000×2-展業成本40,000×（1-20%）×25%-專項附加扣除4,000-「三險一金」2,000=4,000×2=8,000（元）

累計預扣預繳應納稅額=8,000×3%=240（元）

本期應預扣預繳稅額=240-1月已預扣預繳稅額120=120（元）

以此類推，

10月，累計預扣預繳應納稅所得額=4,000×10=40,000（元）

累計預扣預繳應納稅額=40,000×10%-速算扣除數2,520=1,480（元）

本期應預扣預繳稅額=1,480-1~9月已預扣預繳稅額1,080=400（元）

1~12月累計預扣預繳應納稅所得額、累計預扣預繳應納稅額、本期應預扣預繳稅額見表4-8。

第四章　個人所得稅稅款計算

表 4-8

項目	1月	2月	3月	4月	5月	6月	7月	8月	9月	10月	11月	12月	合計
累計預扣預繳應納稅所得額（萬元）	0.4	0.8	1.2	1.6	2	2.4	2.8	3.2	3.6	4	4.4	4.8	
累計預扣預繳應納稅額(元)	120	240	360	480	600	720	840	960	1,080	1,480	1,880	2,280	
本期應預扣預繳稅額(元)	120	120	120	120	120	120	120	120	120	400	400	400	2,280

註：10月應納稅所得額達到4萬元，超過了3.6萬元的級距臨界點，稅率由3%上升至10%。

匯算清繳環節：

無需匯算清繳。

全年實際繳納稅款：

2,280元

情形二：專項附加扣除在預扣預繳環節扣除，「三險一金」在綜合所得匯算清繳環節扣除。

預扣預繳環節：

1月，預扣預繳應納稅所得額＝佣金收入20,000×(1-20%)－基本減除費用5,000－展業成本20,000×(1-20%)×25%－專項附加扣除2,000＝5,000（元）

本期應預扣預繳稅額＝5,000元×3%＝150（元）

2月，累計預扣預繳應納稅所得額＝5,000×2＝10,000（元）

累計應預扣預繳稅額＝10,000×3%＝300（元）

本期應預扣預繳稅額＝300－1月已繳150＝150（元）

211

以此類推，

8月，累計預扣預繳應納稅所得額＝5,000×8＝40,000（元）

累計應預扣預繳稅額＝40,000×10%－速算扣除數2,520＝1,480（元）

本期應預扣預繳稅額＝1,480－1~7月已繳1,050＝430（元）

1~12月累計預扣預繳應納稅所得額、累計預扣預繳應納稅額、本期應預扣預繳稅額見表4-9。

表4-9

項目	1月	2月	3月	4月	5月	6月	7月	8月	9月	10月	11月	12月	合計
累計預扣預繳應納稅所得額（萬元）	0.5	1	1.5	2	2.5	3	3.5	4	4.5	5	5.5	6	
累計預扣預繳應納稅額(元)	150	300	450	600	750	900	1,050	1,480	1,980	2,480	2,980	3,480	
本期應預扣預繳稅額(元)	150	150	150	150	150	150	150	430	500	500	500	500	3,480

綜合所得匯算清繳環節：

全年應納稅所得額＝5,000×12－「三險一金」1,000×12＝48,000（元）

應納稅額＝48,000元×10%－速算扣除數2,520＝2,280（元）

實際繳納稅額＝2,280－3,480＝－1,200（元），應退稅。

全年實際繳納稅款：

2,280元

第四章　個人所得稅稅款計算

情形三：專項附加扣除和「三險一金」在匯算清繳環節一次性扣除。

預扣預繳環節：

1月，預扣預繳應納稅所得額＝佣金收入20,000×(1-20%)－基本減除費用5,000－展業成本20,000×(1-20%)×25%＝7,000（元）

本期應預扣預繳稅額＝7,000×3%＝210（元）

2月，累計預扣預繳應納稅所得額＝7,000×2＝14,000（元）

累計應預扣預繳稅額＝14,000×3%＝420（元）

本期應預扣預繳稅額＝420－1月已繳210＝210（元）

以此類推，

6月，累計預扣預繳應納稅所得額＝7,000×6＝42,000（元）

累計應預扣預繳稅額＝42,000×10%－速算扣除數2,520＝1,680（元）

本期應預扣預繳稅額＝1,680－1~5月已繳1,050＝630（元）

1~12月累計預扣預繳應納稅所得額、累計預扣預繳應納稅額、本期應預扣預繳稅額見表4-10。

表 4-10

項目	1月	2月	3月	4月	5月	6月	7月	8月	9月	10月	11月	12月	合計
累計預扣預繳應納稅所得額（萬元）	0.7	1.4	2.1	2.8	3.5	4.2	4.9	5.6	6.3	7	7.7	8.4	
累計預扣預繳應納稅額（元）	210	420	630	840	1,050	1,680	2,380	3,080	3,780	4,480	5,180	5,880	
本期應預扣預繳稅額（元）	210	210	210	210	210	630	700	700	700	700	700	700	5,880

匯算清繳環節：

全年應納稅所得額＝7,000×12－專項附加扣除 2,000×12－「三險一金」1,000×12＝48,000（元）

應納稅額＝48,000×10%－速算扣除數 2,520＝2,280（元）

實際繳納稅額＝2,280－5,880＝－3,600（元），應退稅。

全年實際繳納稅款：

2,280 元

比較三種情形可以看出：

（1）三種情形下全年實際繳納的稅款總額一樣。

（2）對扣除環節的選擇會影響每月預扣預繳稅款。預扣預繳環節扣除項越多，繳納的稅款越少，應納稅所得額超過稅率表級距臨界點的月份數越遲。

（3）如果專項附加扣除和「三險一金」均在預扣預繳環節扣除，到12月份繳納的總稅額與全年應繳稅款無差別，在無其他綜合所得的情況下，無需再進行匯算清繳。

（二）保險行銷員和保險代理人稅收政策的區別

保險行銷員和保險代理人兩者在概念上相似，計稅方式上也有類似之處。稅改後，財稅〔2018〕164 號已對保險公司行銷員個稅計算方式進行了重新明確，但新稅制下，保險代理人是參照行銷員政策還是沿用稅改前的舊政策尚未明確。為幫助讀者更好地理解其中異同，此處作以下解讀：

一是保險公司行銷員與保險代理人為兩種不同的群體，在取得收入方式與費用構成上存在差異。

二是稅改前，保險行銷員和保險代理人分別適用不同的文件（保險行銷員：國稅函〔2006〕454 號、保險代理人：國家稅務總局公告 2016 年第 45 號），且兩個文件計算方法不一致。當兩類人員收入低於 3 萬元（增值稅免徵額），即無地方稅費扣除時，其計算結果一樣；但當收入大於 3 萬元時，會出現稅負差異，且差異隨著收入的增加而擴大。

現將收入低於 3 萬元和高於 3 萬元時，就兩類人群分別計算稅款。

注意！保險行銷員政策已變，展業成本扣除比例由 40% 調整為 25%；計稅公式已變，適用綜合所得年度稅率。但為方便比較，例題中仍按 40% 計算，適用勞務報酬預扣預繳稅款稅率。保險代理人稅改前後展業成本扣除比例均為 40%，計稅方法未變。

【案例4-28】

1. 保險行銷員

（1）保險行銷員A當月取得佣金20,000元（不含增值稅），當月計算個人所得稅扣除項目為展業成本、實際繳納的營業稅金及附加（「營改增」後為稅金及附加，本次計算含地方教育費附加）。

展業成本：根據國稅函〔2006〕454號，展業成本暫定為40%，即8,000元。

稅金及附加：免徵增值稅，稅金及附加金額為0元。

收入額＝20,000－8,000＝12,000（元），根據勞務報酬所得計算個人所得稅。

應納稅額＝(12,000－0)×(1－20%)×20%＝1,920（元）

（2）保險行銷員B當月取得佣金300,000元（不含增值稅），當月計算個人所得稅扣除項目為展業成本、實際繳納的營業稅金及附加（「營改增」後為稅金及附加，本次計算含地方教育費附加）。

展業成本：根據國稅函〔2006〕454號文件規定，展業成本暫定為40%，即120,000元。

稅金及附加：300,000×3%×10%＝1,080（元）

收入額＝300,000－120,000－1,080＝178,920（元），根據勞務報酬所得計算個人所得稅。

應納稅額＝178,920×(1－20%)×40%－7,000＝50,254（元）

第四章 個人所得稅稅款計算

2. 保險代理人

（1）保險代理人A當月取得佣金20,000元（不含增值稅），當月計算個人所得稅扣除項目為展業成本、地方稅費附加（含地方教育費附加）。

展業成本：根據國家稅務總局公告2016年第45號，展業成本為佣金收入減去地方稅費附加餘額的40%，即（20,000-0）×40%=8,000（元）。

稅金及附加：免徵增值稅，附加金額為0元。

收入額=20,000-8,000=12,000（元），根據勞務報酬所得計算個人所得稅。

應納稅額：12,000×（1-20%）×20%=1,920（元）

（2）保險代理人B當月取得佣金300,000元（不含增值稅），當月計算個人所得稅扣除項目為展業成本、地方稅費附加。

展業成本：根據國家稅務總局公告2016年第45號，展業成本為佣金收入減去地方稅費附加餘額的40%，即（300,000-1,080）×40%=119,568（元）。

稅金及附加：300,000×3%×12%=1,080（元）

收入額=300,000-119,568-1,080=179,352（元），根據勞務報酬所得計算個人所得稅。

應納稅額=179,352×（1-20%）×40%-7,000=50,392.64（元）

由上述計算可見，當佣金收入為300,000元時，稅金差異為50,392.64-50,254.40=138.24（元），且差異隨

217

佣金收入增加而擴大。

四、證券經紀人稅收政策

參照保險行銷員稅收政策，在此不再贅述。

五、關於個人領取企業年金、職業年金的政策

　　個人達到國家規定的退休年齡後領取的企業年金、職業年金，符合《財政部 人力資源社會保障部 國家稅務總局關於企業年金、職業年金個人所得稅有關問題的通知》（財稅〔2013〕103號）規定的，不並入綜合所得，全額單獨計算應納稅款。其中按月領取的，適用月度稅率表計算納稅；按季領取的，平均分攤計入各月，按每月領取額適用月度稅率表計算納稅；按年領取的，適用綜合所得稅率表計算納稅。

　　個人因出境定居而一次性領取的年金個人帳戶資金，或個人死亡後，其指定的受益人或法定繼承人一次性領取的年金個人帳戶餘額，適用綜合所得稅率表計算納稅。對個人除上述特殊原因外一次性領取年金個人帳戶資金或餘額的，適用月度稅率表計算納稅。

【案例4-29】

　　某單位職工劉某已達到退休年齡，從2019年4月起，按季領取職業年金15,000元，計算每季度領取時應繳納

的個人所得稅。

解：15,000÷3＝5,000（元），按月度稅率表，適用稅率10%，速算扣除數210元。

應納稅額＝［(15000÷3)×10%－210］×3＝870（元）

六、關於解除勞動關係、提前退休、內部退養一次性補償收入的政策

（1）個人與用人單位解除勞動關係取得一次性補償收入（包括用人單位發放的經濟補償金、生活補助費和其他補助費），在當地上年職工平均工資3倍數額以內的部分，免徵個人所得稅；超過3倍數額的部分，不並入當年綜合所得，單獨適用綜合所得稅率表，計算納稅。

【案例4-30】

2019年10月，某礦減員增效，與職工陳某解除勞動關係，陳某取得一次性補償收入5萬元（或為10萬元），計算應納個人所得稅（當地上年職工平均工資25,000元）。

解：（1）如果補償收入為5萬元

應納稅所得額＝50,000－25,000×3<0，不應納稅。

（2）如果補償收入為10萬元

應納稅所得額＝100,000－25,000×3＝25,000（元）

找稅率：25,000元，適用綜合所得年稅率表，稅率為3%。

應納稅額＝25,000×3%＝750（元）

(2) 個人辦理提前退休手續而取得的一次性補貼收入，應按照辦理提前退休手續至法定離退休年齡之間實際年度數平均分攤，確定適用稅率和速算扣除數，單獨適用綜合所得稅率表，計算納稅。其計算公式：

應納稅額＝｛［（一次性補貼收入÷辦理提前退休手續至法定退休年齡的實際年度數）－費用扣除標準］×適用稅率－速算扣除數｝×辦理提前退休手續至法定退休年齡的實際年度數

【案例4-31】

某礦職工謝某2019年12月滿55週歲，1~12月累計取得工資80,000元，累計扣除專項扣除即「三險一金」10,000元，無專項附加扣除，1~11月累計已繳稅款750元。由於身體原因，申請提前退休，取得一次性補助50萬元。計算其當月應納個人所得稅。退休後每月工資為5,700元。

解：（1）謝某12月正常工資計算個人所得稅

累計應納稅所得額＝80,000－10,000－基本減除費用5,000×12＝10,000（元）

累計應納稅額＝10,000×3%＝300（元）

本期實際應納稅額＝300－750＝－450（元）

（2）提前退休補助應繳納個人所得稅

500,000÷5＝100,000（元），確定適用稅率為10%，速算扣除數2,520元。

應納稅額＝［（500,000÷5－5,000×12）×10%－2,520］×5＝7,400（元）

（3）退休工資不繳納個人所得稅

當月繳納個人所得稅＝7,400-450＝6,950（元）

（3）個人辦理內部退養手續而取得的一次性補貼收入，仍按照《國家稅務總局關於個人所得稅有關政策問題的通知》（國稅發〔1999〕58號）規定計算納稅。

七、關於單位低價向職工售房的政策

單位按低於購置或建造成本價格出售住房給職工，職工因此而少支出的差價部分，符合《財政部 國家稅務總局關於單位低價向職工售房有關個人所得稅問題的通知》（財稅〔2007〕13號）第二條規定的，不並入當年綜合所得，以差價收入除以12個月得到的數額，按照月度稅率表確定適用稅率和速算扣除數，單獨計算納稅。其計算公式為：

應納稅額＝職工實際支付的購房價款低於該房屋的購置或建造成本價格的差額×適用稅率−速算扣除數

【案例4-32】

2019年，某單位向職工王某售房，收取價款26萬元，該房屋市場價格為50萬元。計算其應繳納個人所得稅。

解：差價收入＝500,000-260,000＝240,000（元）

找稅率：240,000÷12＝20,000（元），適用月度稅率表，確定稅率20%，速算扣除數1,410元。

應納稅額＝240,000×20%-1,410＝46,590（元）

八、上市公司股權激勵政策

（1）居民個人取得股票期權、股票增值權、限制性股票、股權獎勵等股權激勵（以下簡稱股權激勵），符合《財政部 國家稅務總局關於個人股票期權所得徵收個人所得稅問題的通知》（財稅〔2005〕35號）、《財政部 國家稅務總局關於股票增值權所得和限制性股票所得徵收個人所得稅有關問題的通知》（財稅〔2009〕5號）、《財政部 國家稅務總局關於將國家自主創新示範區有關稅收試點政策推廣到全國範圍實施的通知》（財稅〔2015〕116號）第四條、《財政部 國家稅務總局關於完善股權激勵和技術入股有關所得稅政策的通知》（財稅〔2016〕101號）第四條第（一）項規定的相關條件的，在2021年12月31日前，不並入當年綜合所得，全額單獨適用綜合所得稅率表，計算納稅。其計算公式為：

應納稅額＝股權激勵收入×適用稅率－速算扣除數

（2）居民個人一個納稅年度內取得兩次以上（含兩次）股權激勵的，應合併按第（1）項規定計算納稅。

（3）2022年1月1日之後的股權激勵政策另行明確。

九、關於外籍個人有關津補貼的政策

（1）2019年1月1日至2021年12月31日期間，外籍個人符合居民個人條件的，可以選擇享受個人所得稅專項附加扣除，也可以選擇按照《財政部 國家稅務總局關於個人所得稅若干政策問題的通知》（財稅〔1994〕20號）、《國家稅務總局關於外籍個人取得有關補貼徵免個人所得稅執行問題的通知》（國稅發〔1997〕54號）和《財政部 國家稅務總局關於外籍個人取得港澳地區住房等補貼徵免個人所得稅的通知》（財稅〔2004〕29號）規定，享受住房補貼、語言訓練費、子女教育費等津補貼免稅優惠政策，但不得同時享受。外籍個人一旦選擇相應扣除或優惠政策，在一個納稅年度內不得變更。

（2）自2022年1月1日起，外籍個人不再享受住房補貼、語言訓練費、子女教育費津補貼免稅優惠政策，應按規定享受專項附加扣除。

第五章
個人所得稅扣繳申報和自行申報

要點提示:

　　新法實施後,很多人問我:「我平時的房屋出租,沒有繳納過個人所得稅,是不是需要辦理年度的匯算清繳啊?」這個看似簡單的問題,其實包含了三個概念:扣繳申報、匯算清繳、自行申報。

　　那這個問題的答案是什麼呢?

　　首先,匯算清繳主要針對的是取得「綜合所得」或者「經營所得」的情形,房屋出租取得的所得叫「財產轉讓所得」,它既不屬於綜合所得的部分(綜合所得的四個稅目分別是:工資薪金所得、勞務報酬所得、稿酬所得、特許權使用費所得),也不屬於「經營所得」,因此是不需要辦理年度匯算清繳的。

第五章　個人所得稅扣繳申報和自行申報

其次，不辦理匯算清繳不意味著取得的所得不納稅。如果納稅人把房子租給一家公司，但公司未扣繳稅款，那麼此種情況就屬於自行申報中「取得應稅所得，扣繳義務人未扣繳稅款」的情形，納稅人應當在取得所得的次年 6 月 30 日前，按照規定向主管稅務機關辦理納稅申報。

此章單獨列出扣繳申報和自行申報，以便納稅人根據自己的實際情況，判斷扣繳單位是否該扣繳申報，或者自己是否屬於自行納稅申報的情形，進而在規定時間內完成相應申報義務。

第一節　個人所得稅扣繳申報

所謂扣繳申報，是指當扣繳義務人支付所得給個人時，扣繳義務人應當依法辦理全員全額扣繳申報。

一、什麼是扣繳義務人

扣繳義務人，是指向個人支付所得的單位或者個人。扣繳義務人應當依法辦理全員全額扣繳申報。

比如，常見的單位每月發給大家的工資薪金，你並沒有親自到稅務機關申報納稅，而是統一由單位的辦稅人員履行了扣繳義務。

二、什麼是全員全額扣繳申報

全員全額扣繳申報，是指扣繳義務人應當在代扣稅款的次月 15 日內，向主管稅務機關報送其支付所得的所有個人的有關信息、支付所得數額、扣除事項和數額、扣繳稅款的具體數額和總額以及其他相關涉稅信息資料。

簡單來說，就是無論你是否屬於本單位人員、支付的應稅所得是否達到納稅標準，扣繳義務人在向個人支付應稅所得時，都應當在代扣稅款的次月申報期內，向

主管稅務機關報送相關涉稅信息。

通過全員全額扣繳申報，可以有效防止企業隨意誇大實際工資數，或者虛增人員信息，拆分所得。

三、何時繳納

扣繳義務人每月或者每次預扣、代扣的稅款，應當在次月 15 日內繳入國庫，並向稅務機關報送「個人所得稅扣繳申報表」。

四、實行個人所得稅全員全額扣繳申報的應稅所得包括哪些項目

（1）工資薪金所得；

（2）勞務報酬所得；

（3）稿酬所得；

（4）特許權使用費所得；

（5）利息、股息、紅利所得；

（6）財產租賃所得；

（7）財產轉讓所得；

（8）偶然所得。

也就是說，除了經營所得以外的所有所得項目，都應該進行個人所得稅全員全額扣繳申報。

五、扣繳義務人首次向納稅人支付所得時，應當填報什麼表

扣繳義務人首次向納稅人支付所得時，應當按照納稅人提供的納稅人識別號等基礎信息，填寫「個人所得稅基礎信息表（A 表）」，並於次月扣繳申報時向稅務機關報送。

對納稅人向其報告的相關基礎信息變化情況，扣繳義務人應當於次月扣繳申報時向稅務機關報送。

六、扣繳義務人向居民個人支付工資薪金所得時，如何計算稅款

扣繳義務人向居民個人支付工資薪金所得時應當按照累計預扣法計算預扣稅款，並按月辦理扣繳申報。（本部分具體計算案例和實務可參閱本書第四章「個人所得稅稅款計算」的相關內容）

累計預扣法，是指扣繳義務人在一個納稅年度內預扣預繳稅款時，以納稅人在本單位截至當前月份工資薪金所得累計收入減除累計免稅收入、累計減除費用、累計專項扣除、累計專項附加扣除和累計依法確定的其他扣除後的餘額為累計預扣預繳應納稅所得額，適用個人所得稅預扣率表一（表5-1），計算累計應預扣預繳稅額，

表 5-1　　　　　個人所得稅預扣率表一

（居民個人工資薪金所得預扣預繳適用）

級數	累計預扣預繳應納稅所得額	預扣率（％）	速算扣除數（元）
1	不超過 36,000 元	3	0
2	超過 36,000 元至 144,000 元的部分	10	2,520
3	超過 144,000 元至 300,000 元的部分	20	16,920
4	超過 300,000 元至 420,000 元的部分	25	31,920
5	超過 420,000 元至 660,000 元的部分	30	52,920
6	超過 660,000 元至 960,000 元的部分	35	85,920
7	超過 960,000 元的部分	45	181,920

再減除累計減免稅額和累計已預扣預繳稅額，其餘額為本期應預扣預繳稅額。餘額為負值時，暫不退稅。納稅年度終了後餘額仍為負值時，由納稅人通過辦理綜合所得年度匯算清繳，稅款多退少補。

其具體計算公式如下：

本期應預扣預繳稅額＝（累計預扣預繳應納稅所得額×預扣率－速算扣除數）－累計減免稅額－累計已預扣預繳稅額

累計預扣預繳應納稅所得額＝累計收入－累計免稅收入－累計減除費用－累計專項扣除－累計專項附加扣除－累計依法確定的其他扣除

其中，累計減除費用，按照 5,000 元/月乘以納稅人當年截至本月在本單位的任職受雇月份數計算。

七、納稅人可以在扣繳環節辦理專項附加扣除嗎

居民個人向扣繳義務人提供有關信息並依法要求辦理專項附加扣除的，扣繳義務人應當按照規定在工資薪金所得按月預扣預繳稅款時予以扣除，不得拒絕。

注意：只有工資薪金所得這個項目可以在預扣預繳環節扣除六個專項附加扣除。

八、居民個人取得勞務報酬所得、稿酬所得、特許權使用費所得時，應當如何算稅

簡單來說，就是在預扣預繳環節沿用了原來舊法下的計算方法，但是在年度匯算清繳時，應統一按照「綜合所得」按年納稅。計算案例可參考本書第四章內容。具體政策如下：

扣繳義務人向居民個人支付勞務報酬所得、稿酬所得、特許權使用費所得時，應當按照以下方法按次或者按月預扣預繳稅款：勞務報酬所得、稿酬所得、特許權使用費所得以收入減除費用後的餘額為收入額；其中，稿酬所得的收入額減按70%計算。

減除費用：預扣預繳稅款時，勞務報酬所得、稿酬所得、特許權使用費所得每次收入不超過4,000元的，減

除費用按 800 元計算；每次收入 4,000 元以上的，減除費用按收入的 20%計算。

應納稅所得額：勞務報酬所得、稿酬所得、特許權使用費所得，以每次收入額為預扣預繳應納稅所得額，計算應預扣預繳稅額。勞務報酬所得適用個人所得稅預扣率表二（表 5-2），稿酬所得、特許權使用費所得適用 20%的比例預扣率。

表 5-2　　　　　　個人所得稅預扣率表二

（居民個人勞務報酬所得預扣預繳適用）

級數	預扣預繳應納稅所得額	預扣率（%）	速算扣除數（元）
1	不超過 20,000 元	20	0
2	超過 20,000 元至 50,000 元的部分	30	2,000
3	超過 50,000 元的部分	40	7,000

居民個人辦理年度綜合所得匯算清繳時，應當依法計算勞務報酬所得、稿酬所得、特許權使用費所得的收入額，並入年度「綜合所得」計算應納稅款，稅款多退少補。

九、非居民個人取得的工資薪金所得、勞務報酬所得、稿酬所得和特許權使用費所得如何納稅

非居民個人取得的上述所得，是不按照年度進行匯

算清繳的，按照國際慣例，仍然採取的是按月或者按次的計算方式代扣代繳稅款。如果一個納稅年度內，非居民個人轉為居民個人了，可以按照中國稅法規定，進行年度匯算清繳。

扣繳義務人向非居民個人支付工資薪金所得、勞務報酬所得、稿酬所得和特許權使用費所得時，應當按照以下方法按月或者按次代扣代繳稅款：

非居民個人的工資薪金所得，以每月收入額減除費用 5,000 元後的餘額為應納稅所得額；勞務報酬所得、稿酬所得、特許權使用費所得，以每次收入額為應納稅所得額，適用個人所得稅稅率表三（表 5-3），計算應納稅額。勞務報酬所得、稿酬所得、特許權使用費所得以收入減除 20% 的費用後的餘額為收入額；其中，稿酬所得的收入額減按 70% 計算。

表 5-3　　　　　個人所得稅稅率表三

（非居民個人工資薪金所得、勞務報酬所得、稿酬所得、特許權使用費所得適用）

級數	應納稅所得額	稅率(%)	速算扣除數（元）
1	不超過 3,000 元	3	0
2	超過 3,000 元至 12,000 元的部分	10	210
3	超過 12,000 元至 25,000 元的部分	20	1,410
4	超過 25,000 元至 35,000 元的部分	25	2,660
5	超過 35,000 元至 55,000 元的部分	30	4,410
6	超過 55,000 元至 80,000 元的部分	35	7,160
7	超過 80,000 元的部分	45	15,160

非居民個人在一個納稅年度內稅款扣繳方法保持不變，達到居民個人條件時，應當告知扣繳義務人基礎信息變化情況，年度終了後，按照居民個人有關規定辦理匯算清繳。

十、扣繳義務人支付除綜合所得以外的其他項目，應如何扣繳個人所得稅

扣繳義務人支付利息、股息、紅利所得，財產租賃所得，財產轉讓所得或者偶然所得時，應當依法按次或者按月代扣代繳稅款。

十一、除工資薪金所得以外的其他項目如何界定「次」的概念

勞務報酬所得、稿酬所得、特許權使用費所得，屬於一次性收入的，以取得該項收入為一次；屬於同一項目連續性收入的，以一個月內取得的收入為一次。

財產租賃所得，以一個月內取得的收入為一次。

利息、股息、紅利所得，以支付利息、股息、紅利時取得的收入為一次。

偶然所得，以每次取得該項收入為一次。

十二、納稅人需要享受稅收協定待遇的，在何時向扣繳義務人提出

納稅人需要享受稅收協定待遇的，應當在取得應稅所得時主動向扣繳義務人提出，並提交相關信息、資料，扣繳義務人代扣代繳稅款時按照享受稅收協定待遇有關辦法辦理。

十三、扣繳義務人需要向納稅人提供已經扣繳稅款的信息嗎

支付工資薪金所得的扣繳義務人應當於年度終了後兩個月內，向納稅人提供其個人所得和已扣繳稅款等信息。納稅人年度中間需要提供上述信息的，扣繳義務人應當提供。

納稅人取得除工資薪金所得以外的其他所得，扣繳義務人應當在扣繳稅款後，及時向納稅人提供其個人所得和已扣繳稅款等信息。

十四、當發現扣繳相關信息與實際不符時，應如何處理

扣繳義務人應當按照納稅人提供的信息計算稅款、

辦理扣繳申報，不得擅自更改納稅人提供的信息。

扣繳義務人發現納稅人提供的信息與實際情況不符的，可以要求納稅人修改。納稅人拒絕修改的，扣繳義務人應當報告稅務機關，稅務機關應當及時處理。

納稅人發現扣繳義務人提供或者扣繳申報的個人信息、支付所得、扣繳稅款等信息與實際情況不符的，有權要求扣繳義務人修改。扣繳義務人拒絕修改的，納稅人應當報告稅務機關，稅務機關應當及時處理。

十五、扣繳義務人對資料應當如何保管

扣繳義務人對納稅人提供的「個人所得稅專項附加扣除信息表」，應當按照規定妥善保存備查。

扣繳義務人應當依法對納稅人報送的專項附加扣除等相關涉稅信息和資料保密。

十六、稅務機關付給扣繳義務人的手續費會繼續保留嗎

對扣繳義務人按照規定扣繳的稅款，按年付給2%的手續費。不包括稅務機關、司法機關等查補或者責令補扣的稅款。

扣繳義務人領取的扣繳手續費可用於提升辦稅能力、獎勵辦稅人員。

十七、扣繳義務人發生哪些情形會受到處罰

扣繳義務人依法履行代扣代繳義務，納稅人不得拒絕。納稅人拒絕的，扣繳義務人應當及時報告稅務機關。

扣繳義務人有未按照規定向稅務機關報送資料和信息、未按照納稅人提供信息虛報虛扣專項附加扣除、應扣未扣稅款、不繳或少繳已扣稅款、借用或冒用他人身分等行為的，依照《中華人民共和國稅收徵收管理法》等相關法律、行政法規處理。

第二節　個人所得稅自行納稅申報

一、取得綜合所得需要辦理匯算清繳的納稅申報

（一）有哪些情形

取得綜合所得且符合下列情形之一的納稅人，應當依法辦理匯算清繳：

（1）從兩處以上取得綜合所得，且綜合所得年收入額減除專項扣除後的餘額超過6萬元；

（2）取得勞務報酬所得、稿酬所得、特許權使用費所得中一項或者多項所得，且綜合所得年收入額減除專項扣除的餘額超過6萬元；

第五章　個人所得稅扣繳申報和自行申報

（3）納稅年度內預繳稅額低於應納稅額；

（4）納稅人申請退稅。

注意：以上四個情形中的前三個屬於補稅，是對納稅人的強制義務，而最後一個是退稅情形，屬於非強制義務。

（二）何時報

需要辦理匯算清繳的納稅人，應當在取得所得的次年 3 月 1 日至 6 月 30 日內辦理。

（三）向誰報

向任職、受雇單位所在地主管稅務機關辦理納稅申報，並報送「個人所得稅年度自行納稅申報表」。

納稅人有兩處以上任職、受雇單位的，選擇向其中一處任職、受雇單位所在地主管稅務機關辦理納稅申報。

納稅人沒有任職、受雇單位的，向戶籍所在地或經常居住地主管稅務機關辦理納稅申報。

經常居住地指的是什麼呢？可以參照以前年所得 12 萬元申報中提到的一個概念：納稅人離開戶籍所在地居住一年以上的地方。

（四）報什麼

除了報送「個人所得稅年度自行納稅申報表」以外，納稅人辦理綜合所得匯算清繳，應當準備與收入、專項

237

扣除、專項附加扣除、依法確定的其他扣除、捐贈、享受稅收優惠等相關的資料，並按規定留存備查或報送。

二、取得經營所得的納稅申報

（一）對象是哪些人群

其對象包括個體工商戶業主、個人獨資企業投資者、合夥企業個人合夥人、承包承租經營者個人以及其他從事生產、經營活動的個人取得經營所得。

（二）包括哪些情形

（1）個體工商戶從事生產、經營活動取得的所得，個人獨資企業投資人、合夥企業的個人合夥人來源於境內註冊的個人獨資企業、合夥企業生產、經營的所得；

（2）個人依法從事辦學、醫療、諮詢以及其他有償服務活動取得的所得；

（3）個人對企業、事業單位承包經營、承租經營以及轉包、轉租取得的所得；

（4）個人從事其他生產、經營活動取得的所得。

（三）申報時間、地點和報送資料有哪些

納稅人取得經營所得，按年計算個人所得稅，由納稅人在月度或季度終了後15日內，向經營管理所在地主管稅務機關辦理預繳納稅申報，並報送「個人所得稅經

營所得納稅申報表（A表）」。在取得所得的次年3月31日前，向經營管理所在地主管稅務機關辦理匯算清繳，並報送「個人所得稅經營所得納稅申報表（B表）」；從兩處以上取得經營所得的，選擇向其中一處經營管理所在地主管稅務機關辦理年度匯總申報，並報送「個人所得稅經營所得納稅申報表（C表）」。

三、取得應稅所得，扣繳義務人未扣繳稅款的納稅申報

納稅人取得應稅所得，扣繳義務人未扣繳稅款的，應當區別以下情形辦理納稅申報：

（1）居民個人取得綜合所得的，請參照本章第二節第一部分「綜合所得匯算清繳」的相關內容辦理。

（2）非居民個人取得工資薪金所得、勞務報酬所得、稿酬所得、特許權使用費所得的，應當在取得所得的次年6月30日前，向扣繳義務人所在地主管稅務機關辦理納稅申報，並報送「個人所得稅自行納稅申報表（A表）」。有兩個以上扣繳義務人均未扣繳稅款的，選擇向其中一個扣繳義務人所在地主管稅務機關辦理納稅申報。

非居民個人在次年6月30日前離境（臨時離境除外）的，應當在離境前辦理納稅申報。

（3）納稅人取得利息、股息、紅利所得，財產租賃所得，財產轉讓所得和偶然所得的，應當在取得所得的

次年 6 月 30 日前，按相關規定向主管稅務機關辦理納稅申報，並報送「個人所得稅自行納稅申報表（A 表）」。

稅務機關通知限期繳納的，納稅人應當按照期限繳納稅款。

四、取得境外所得的納稅申報

（一）申報時間

居民個人從中國境外取得所得的，應當在取得所得的次年 3 月 1 日至 6 月 30 日內辦理納稅申報。

（二）申報地點

（1）在中國境內有任職、受雇單位的，向中國境內任職、受雇單位所在地主管稅務機關辦理納稅申報；

（2）在中國境內沒有任職、受雇單位的，向戶籍所在地或中國境內經常居住地主管稅務機關辦理納稅申報；

（3）戶籍所在地與中國境內經常居住地不一致的，選擇其中一地主管稅務機關辦理納稅申報；

（4）在中國境內沒有戶籍的，向中國境內經常居住地主管稅務機關辦理納稅申報。

五、因移居境外註銷中國戶籍的納稅申報

納稅人因移居境外註銷中國戶籍的，應當在申請註

第五章 個人所得稅扣繳申報和自行申報

銷中國戶籍前，向戶籍所在地主管稅務機關辦理納稅申報，進行稅款清算。

（1）納稅人在註銷戶籍年度取得綜合所得的，應當在註銷戶籍前，辦理當年綜合所得的匯算清繳，並報送「個人所得稅年度自行納稅申報表」。尚未辦理上一年度綜合所得匯算清繳的，應當在辦理註銷戶籍納稅申報時一併辦理。

（2）納稅人在註銷戶籍年度取得經營所得的，應當在註銷戶籍前，辦理當年經營所得的匯算清繳，並報送「個人所得稅經營所得納稅申報表（B表）」。從兩處以上取得經營所得的，還應當一併報送「個人所得稅經營所得納稅申報表（C表）」。尚未辦理上一年度經營所得匯算清繳的，應當在辦理註銷戶籍納稅申報時一併辦理。

（3）納稅人在註銷戶籍當年取得利息、股息、紅利所得，財產租賃所得，財產轉讓所得和偶然所得的，應當在註銷戶籍前，申報當年上述所得的完稅情況，並報送「個人所得稅自行納稅申報表（A表）」。

（4）納稅人有未繳或者少繳稅款的，應當在註銷戶籍前，結清欠繳或未繳的稅款。納稅人存在分期繳稅且未繳納完畢的，應當在註銷戶籍前，結清尚未繳納的稅款。

（5）納稅人辦理註銷戶籍納稅申報時，需要辦理專項附加扣除、依法確定的其他扣除的，應當向稅務機關報送「個人所得稅專項附加扣除信息表」「商業健康保險稅前扣除情況明細表」「個人稅收遞延型商業養老保險稅

241

前扣除情況明細表」等。

六、非居民個人在中國境內從兩處以上取得工資薪金所得的納稅申報

非居民個人在中國境內從兩處以上取得工資薪金所得的，應當在取得所得的次月15日內，向其中一處任職、受雇單位所在地主管稅務機關辦理納稅申報，並報送「個人所得稅自行納稅申報表（A表）」。

七、其他相關問題

（一）納稅申報方式

納稅人可以採用遠程辦稅端、郵寄等方式申報，也可以直接到主管稅務機關申報。

（二）其他有關問題

（1）納稅人辦理自行納稅申報時，應當一併報送稅務機關要求報送的其他有關資料。首次申報或者個人基礎信息發生變化的，還應報送「個人所得稅基礎信息表（B表）」。

有關表、證、單、書，由國家稅務總局統一制定樣式。

（2）納稅人在辦理納稅申報時需要享受稅收協定待遇的，按照享受稅收協定待遇有關辦法辦理。

第六章
個人所得稅常見熱點問題

第一節　個人所得稅稅改相關熱點問題

一、為什麼要進行個人所得稅改革

一是落實黨中央、國務院關於改革個人所得稅的主要舉措。黨的十八屆三中全會、五中全會提出建立綜合與分類相結合的個人所得稅制，黨的十九大要求深化稅收制度改革。推進綜合與分類相結合的個人所得稅制，是全面落實黨中央上述要求的具體舉措。

二是完善現行稅制的迫切需要。現行個人所得稅制存在一系列問題，如分類徵稅方式下不同所得項目之間的稅負不盡平衡；基本減除費用標準多年來沒有調整，費用扣除方式較為單一；工資薪金所得低檔稅率級距較小，中等以下收入群體稅負上升較快等，需要通過修改

個人所得稅制度予以解決。

三是改善收入分配、縮小收入差距的重要手段。近年來，中國城鄉、地區、行業之間的收入差距不斷擴大，現行分類稅制難以有效適應納稅人眾多且分散、收入來源渠道複雜等情況，不能體現納稅人的真實納稅能力。

實行綜合與分類稅制改革，既能適當解決上述問題，又能促進稅制公平、縮小收入分配差距。

二、此次個人所得稅改革要點有哪些

一是將主要勞動性所得項目納入綜合徵稅範圍。將工資薪金、勞務報酬、稿酬和特許權使用費四項勞動性所得納入綜合徵稅範圍，實行按月按次分項預繳、按年匯總計算、多退少補。

二是完善個人所得稅費用扣除模式。一方面將基本減除費用標準合理提高到每人每月5,000元，另一方面設立子女教育、繼續教育、大病醫療、住房貸款利息或住房租金及贍養老人等六項專項附加扣除。

三是調整優化個人所得稅稅率結構。以現行工薪所得3%~45%七級超額累進稅率為基礎，擴大3%、10%、20%三檔較低稅率的級距，25%稅率級距相應縮小，30%、35%、45%三檔較高稅率級距保持不變。

四是完善涉外稅收政策。將居民納稅人的居住時間判定標準從滿1年調整為滿183天；對個人以獲取稅收利

益為主要目的，不按獨立交易原則轉讓財產、在境外避稅地實施不合理商業安排等避稅行為，增加反避稅條款。

五是健全個人所得稅徵管制度。對綜合所得按年計稅，實行「代扣代繳、自行申報，匯算清繳、多退少補，優化服務、事後抽查」的徵管模式。

六是推進個人所得稅徵管配套改革。推進部門共治共管和聯合懲戒，完善自然人稅收管理法律支撐。

三、新個人所得稅法實施後，稅收徵管模式是怎樣的

新個人所得稅法實施後，中國個人所得稅繼續採取代扣代繳和自行申報相結合的徵管模式。其中分類所得項目，除個體工商戶、個人獨資和合夥企業的經營所得繼續實行按季度或者按月份預繳，年度終了後匯算清繳外，其他分類所得項目繼續實行按月、按次扣繳稅款的辦法，與改革前變化不大。

此次改革，對居民個人取得綜合所得採取新的徵管模式，由原來按月、按次徵稅改為按年計稅，實行「代扣代繳、自行申報，匯算清繳、多退少補，優化服務、事後抽查」的徵管模式。具體包括：

（1）按年計稅。以納稅人一個納稅年度內取得的工資薪金、勞務報酬、稿酬和特許權使用費的收入總額，減除基本減除費用、專項扣除、專項附加扣除、其他扣除後的餘額，為應納稅所得額，適用綜合所得稅率表計

算個人年度應納稅款。

（2）代扣代繳、自行申報。實行「代扣代繳+自行申報」相結合的申報方式。日常由扣繳義務人預扣預繳，年度終了後個人辦理自行申報。

（3）匯算清繳、多退少補。綜合所得按年匯算清繳、稅款多退少補。對納稅人按年計稅後的年度應納稅款，與日常已繳稅款進行清算，由納稅人依法補繳或申請退還多繳的稅款。

（4）優化服務、事後抽查。不斷優化納稅服務，減少事前個人稅收資料報送，提升納稅人辦稅體驗。年度自行申報期結束後，結合第三方信息，按照相關風險指標，篩選一定比例納稅人的自行申報情況進行檢查。

四、什麼是基本減除費用、專項扣除、專項附加扣除、依法確定的其他扣除？這些扣除分別指的是什麼

改革後，綜合所得的扣除主要包括四類：基本減除費用、專項扣除、專項附加扣除、依法確定的其他扣除。

基本減除費用，是最為基礎的一項生計扣除，全員適用，考慮了個人基本生活支出情況，設置定額的扣除標準。稅法修改前為 3,500 元/月，修改後為 5,000 元/月。

專項扣除，是對稅法允許扣除的由個人負擔的基本

養老、醫療和失業保險及住房公積金（簡稱「三險一金」）進行歸納後，新增加的一個概念。

專項附加扣除，是在基本減除費用的基礎之上，以國家稅收和個人共同分擔的方式，適度緩解個人在教育、醫療、住房等方面的支出壓力。在施行綜合和分類稅制初期包括子女教育、繼續教育、大病醫療、住房貸款利息或住房租金、贍養老人六項。

依法確定的其他扣除，是指除上述專項扣除、專項附加扣除、基本減除費用之外，由國務院決定以扣除方式減少納稅的優惠政策規定。如稅優商業健康保險、稅收遞延型商業養老保險等。

五、外籍個人還可以享受1,300元/月的附加減除費用嗎

此次稅改基本減除費用提高到5,000元/月，統一了國內外人員基本減除費用標準，外籍人員不再享受1,300元/月的附加減除費用。這樣處理，符合WTO有關國民待遇原則，有利於公平稅負、調節收入分配，完善和規範稅制。

六、綜合所得的稅率表有哪些調整

在維持7級超額累進稅率不變的基礎上，進一步拉

大 3%、10%、20%三檔較低稅率對應的級距，同步縮小 25%稅率的級距，30%、35%、45%三檔較高稅率的級距維持不變。

7級稅率可以較好實現公平和效率的統一。稅率級次過少，不利於精準調節收入分配。同時，拉大中低檔稅率級距可進一步降低中低收入者的稅負，解決此前納稅人收入小幅增加而其適用稅率急遽攀升的問題。

稅率表優化後，絕大多數納稅人實現了全面減稅，其中，中低收入群體減稅幅度較大，高收入群體減稅幅度相對較小，更好地發揮了稅收調節收入分配的作用。

七、經營所得稅率表進行了哪些調整

此次改革，為平衡經營所得與綜合所得、個體工商戶稅負與小微企業所得稅稅負，經營所得稅率表沿用原個體工商戶生產經營所得項目5%~35%的5級稅率不變，同時大幅度調整各檔次稅率級距，如最低稅率5%對應的級距上限由原1.5萬元擴大到3萬元（增長1倍），最高稅率35%對應的級距上限由原10萬元擴大到50萬元（增長4倍），切實減輕了納稅人的稅收負擔。

八、子女教育、大病醫療支出等六項專項附加扣除方式是怎樣的

居民個人取得綜合所得，以及取得經營所得的個人沒有綜合所得的，計算其每一個納稅年度的應納稅所得額時，可以享受專項附加扣除。對專項附加扣除採取定額扣除或者限額內據實扣除兩種方法。專項附加扣除的具體範圍、標準，可參閱本書第二章。

九、如何劃分居民個人和非居民個人

稅法上的居民個人、非居民個人是對個人在中國境內的稅收義務進行的劃分，不同於公安部門的戶籍管理的居民概念。

在中國境內有住所，或者無住所而一個納稅年度內在中國境內居住累計滿183天的個人，為居民個人。在中國境內無住所又不居住，或者無住所而一個納稅年度內在中國境內居住累計不滿183天的個人，為非居民個人。

居民個人應當就中國境內和境外取得的所得繳納個人所得稅；非居民個人僅就從中國境內取得的所得繳納個人所得稅。

十、非居民個人取得綜合所得怎麼繳稅

非居民個人取得綜合所得，由扣繳義務人按月或者按次扣繳稅款，不辦理匯算清繳。非居民個人取得的工資薪金所得，以每月收入額減除費用5,000元後的餘額為應納稅所得額，不扣除專項附加扣除。

非居民個人在境內延長居留時間，轉變為居民納稅人後，其當年按非居民個人繳納的稅款，可以辦理匯算清繳，多退少補。

十一、修改後的個人所得稅法如何分步實施

根據《全國人民代表大會常務委員會關於修改〈中華人民共和國個人所得稅法〉的決定》《財政部　稅務總局關於2018年第四季度個人所得稅減除費用和稅率適用問題的通知》（財稅〔2018〕98號，以下簡稱《通知》）的規定，新個人所得稅法分兩步實施到位：

第一步，2018年10月1日至2018年12月31日期間（以下簡稱「過渡期」），納稅人的工資薪金所得，先行以每月收入額減除費用5,000元以及專項扣除和依法確定的其他扣除後的餘額為應納稅所得額，依照《通知》規定的「工薪所得」稅率表計算繳納稅款，並不再扣除附

加減除費用；個體工商戶的生產、經營所得，對企事業單位的承包經營、承租經營所得，先行依照《通知》規定的相關稅率表計算繳納稅款。

第二步，從 2019 年 1 月 1 日起全面實施綜合與分類相結合的個人所得稅制。

第二節　個人所得稅其他實務問題

一、如何區分工資薪金所得與勞務報酬所得

該問題的計算在本書的第四章中已經做了詳細講解，但考慮到很多非財務人員可能不會細讀第二章的法律條款內容，故此處再做一次解釋。

工資薪金所得和勞務報酬所得是實務中最容易被大家搞混和引起爭議的項目。工資薪金所得屬於非獨立個人勞務活動，即在機關、團體、學校、部隊、企事業單位及其他組織中任職、受雇而得到的報酬；勞務報酬所得則是個人獨立從事各種技藝、各項勞務取得的報酬。兩者的主要區別是：工資薪金所得存在雇傭與被雇傭關係，勞務報酬所得則不存在這樣的關係。實務上常常以單位是否為員工購買了「三險一金」作為重要依據，當然，退休人員的再任職是不需要參考「三險一金」這個條件的。

那麼如何判定雇傭關係呢？有四個條件：①受雇人員與用人單位簽訂一年以上（含一年）勞動合同（協議），存在長期或連續的雇傭與被雇傭關係；②受雇人員因事假、病假、休假等原因不能正常出勤時，仍享受固定或基本工資收入；③受雇人員與單位其他正式職工享受同等福利、培訓及其他待遇；④受雇人員的職務晉升、職稱評定等工作由用人單位負責組織。

新稅制下，因為工資薪金和勞務報酬都並入了綜合所得，按年計算了，所以不會再存在稅負差異。但是，在預扣預繳環節還是要區分項目，分別按照預扣預繳辦法計算個人所得稅。工資薪金是累計預扣法，勞務報酬則沿用了原來的計算方法。

二、企業臨時用工人員應怎樣繳納個人所得稅

對企業臨時（或長期）用工，凡與用工人員簽訂了勞動用工合同，並在勞動（或人事）部門辦理了勞動用工手續，為用工人員繳納了養老保險費等社會保障的，其支付給用工人員的勞動報酬，按「工資薪金所得」項目徵收個人所得稅；凡與用工人員簽訂了內部勞動用工合同，未在勞動等部門辦理勞動用工手續，未為用工人員繳納養老保險費等社會保障的，其支付給用工人員的勞動報酬，按「勞務報酬所得」項目徵收個人所得稅。

三、怎樣理解扣除「三險一金」的個人所得稅政策

單位為個人繳付和個人繳付的基本養老保險、基本醫療保險、失業保險、住房公積金（以下簡稱「三險一金」），可以從納稅人的應納稅所得額中扣除。根據稅法精神，財政部、國家稅務總局對「三險一金」的徵免標準進行了具體規定。

一是設定繳存比例。比如，住房公積金規定設區城市（主要指地級市）單位和職工繳存比例最低不低於上一年度月平均工資的 5%，最高不高於上一年度月平均工資的 12%（合計繳存比例為 10%~24%）。

二是規定繳存基數，原則為職工本人上一年度月平均工資，同時，對高收入行業及個人繳存基數限制為不超過當地職工平均工資的 3 倍。凡超過規定標準的繳存數，均應進行納稅調整，將超過部分並入當月工資徵收個人所得稅。調整數包括自己負擔和單位負擔的部分。

例如：2018 年，某市城鎮職工人均工資為 26,606 元/年，按照此規定，2018 年某市的個人繳納的住房公積金允許稅前扣除的最高限額為 798 元/月，合計扣除的繳存數為 1,596 元/月。超過此標準的，一律進行稅前調整。

假設該市某企業職工，2018 年 11 月份，工資薪金收入為 12,000 元，當月自己繳存的「三險一金」為 1,500

元，其中住房公積金為1,000元，那麼他超過798元（即每月最高限額）的部分（即1,000-798＝202元），需要納入工資薪金所得繳納個人所得稅。

四、免徵個人所得稅的福利費、撫恤金、救濟金具體指的是什麼

福利費是指根據國家有關規定，從企業、事業單位、國家機關、社會團體提留的福利費或者工會經費中支付給個人的生活補助費；救濟金是指國家民政部門支付給個人的生活困難補助費。目前三個項目免稅的條件在實際中掌握如下：

（1）福利費免稅條件：

①企業從提留的「職工福利費」或者「工會經費」科目列支；

②事業單位、國家機關、社會團體不計提「職工福利費」，只能從「工會經費」中列支；

③福利費用於解決個別生活困難職工補助，以及職工赴外地就醫路費支出等，並不是人人有份的，凡人人有份的福利費不予免稅；

④超過上述支出範圍的福利費，不得免稅。

（2）撫恤金是指對因公受傷、疾病、死亡的人員及其遺屬發放的一部分經濟補償。目前，現行稅收政策還未對此進行更細緻的解釋。

（3）救濟金的免稅條件：

①由民政部門發放；

②可以是受災救濟，也可以是對生活困難人員的救濟。

所以，實務中如果單位以「生活補助費」為名目，給單位每一個職工都發一筆錢，是不屬於臨時性生活困難補助性質的，應並入每個職工的工資薪金所得，計算繳納個人所得稅。

五、保險賠款的免稅問題如何把握

保險賠款，是指個人以其人身、家屬人身、財產等作為標的，向保險公司投保後，在約定期限內保險標的受到傷害或者損失，根據保險合同（協議）規定獲取的賠償金。

保險賠款免稅必須同時符合以下條件：

（1）人身傷害險、財產保險等，保險標的受到傷害或者損失；

（2）保險公司根據保險合同（協議）給予的賠償；

（3）所支付的賠償金主要用於彌補出險人受到的人身傷害或者經濟損失。

六、國家統一規定發給的補貼、津貼免稅，範圍是什麼

按照國家統一規定發給的補貼、津貼，是指按照國務院規定發給的政府特殊津貼、院士津貼、資深院士津貼，以及國務院規定免納個人所得稅的其他補貼、津貼。

(1) 政府特殊津貼，是按國務院規定，對做出特殊貢獻的專家、學者、教授等教學研究人員，履行一定評審程序後發放的津貼；

(2) 院士津貼、資深院士津貼，主要是指中國科學院、中國工程院院士及資深院士獲取的津貼。

七、發放職工住房補貼的個人所得稅如何處理

按照國家現行政策規定，凡是以現金形式發放的住房補貼，一律要並入個人當月工資薪金所得，計徵個人所得稅。

八、烤火費、降溫費等是否屬於免徵個人所得稅的補貼範圍

稅法所說免稅的津貼、補貼，是指按照國家統一規定，個人取得的國務院政府特殊津貼、中國科學院院士

的院士津貼、中國科學院資深院士和中國工程院資深院士的資深院士津貼，以及國務院規定的生育津貼、生育醫療費或其他屬於生育保險性質的津貼、補貼等免納個人所得稅。而對於烤火費、降溫費等補貼，國家未明確規定免納個人所得稅，因此，應在發放當月並入工資薪金所得，計算繳納個人所得稅。其他特殊行業的補貼、津貼是否徵收個人所得稅，要根據國家具體的政策規定的內容來確定。

九、單位為員工支付有關保險是否繳納個人所得稅

按照現行稅法，單位按國家規定比例為職工繳納的基本養老保險費、基本醫療保險費、失業保險費和住房公積金是免稅的。單位為員工支付的各項免稅之外的保險金，則應在單位向保險公司繳付時（即該保險落到被保險人的保險帳戶）並入員工當期的工資收入，按「工資薪金所得」項目徵收個人所得稅，稅款由單位預扣預繳。

個人購買符合條件的商業健康保險（也就是通常說的稅優健康險）的支出，允許按每年最高2,400元（200元/月）的限額稅前扣除。稅優健康險有專門的稅優識別碼。

十、實行差旅費包干的企業，其職工定期按一定的定額取得的差旅費用收入是否免徵個人所得稅

有的單位為節約工作經費，對職工出差的交通、住宿、差旅費津貼等實行費用包干制度，以現金形式發給職工，節約歸己。對職工取得的差旅費性質的收入，在計徵個人所得稅時，應按以下原則確定：

根據現行稅法對職工取得的差旅費津貼不徵收個人所得稅的規定，對職工能夠提供真實可靠的實際支付憑據（如車票、船票、機票、住宿發票等）的部分，允許在計徵個人所得稅時據實列支，對按國家規定的差旅費補助標準按實際出差天數計算的差旅費津貼允許在稅前扣除。在扣除以上項目後（扣除限額為職工取得的差旅費性質的收入），將職工取得的差旅費收入並入工資薪金所得，計算繳納個人所得稅.

十一、企業以免費旅遊方式對行銷人員進行個人獎勵是否徵收個人所得稅

對商品行銷活動中企業和單位對行銷業績突出人員以培訓班、研討班、工作考察等名義組織旅遊活動，通過免收差旅費、旅遊費對個人進行的行銷業績獎勵，應

根據所發生的費用，全額計入行銷人員的應稅所得，依法徵收個人所得稅，並由提供上述費用的企業和單位代扣代繳。

其中，企業雇員享受的此類獎勵，屬於「工資薪金所得」項目；其他人員享受的此類獎勵，應作為當期的勞務收入，屬於「勞務報酬所得」項目。

十二、職工個人從單位取得車輛的，應如何計徵個人所得稅

單位為職工個人購買的車輛應視為個人取得的實物所得，納稅人應在取得實物的當月，按照有關憑據上註明的價格確定其應納稅所得額，並入其工資薪金所得，依照一次取得數月獎金徵稅的規定徵收個人所得稅。

十三、個人因招商引資獲得的獎金收入如何計徵個人所得稅

政府和某些企業為引進資金，制定了獎勵措施，凡是招商引資有功人員，按規定獲取一定的報酬。

按個人所得稅法的有關規定，個人取得的該項獎金應繳納個人所得稅。該按何種稅目納稅？分兩種情況：

一是非政府專門的招商引資部門的人員獲得的此類獎金。按照國家稅務總局有關政策規定，個人因在各行

各業做出突出貢獻,而從省級以下人民政府及其所屬部門取得的一次性獎勵收入,不論其獎金來源於何處,均不屬於稅法所規定的免稅獎金範疇,應按「偶然所得」項目,依20%的稅率徵收個人所得稅。

二是政府專門的招商引資部門人員獲得的此類獎金。由於該類人員的本職工作就是招商引資,因此,其獲得的招商引資獎勵,屬於與其任職、受雇有關的收入,應按「工資薪金所得」項目計算繳納個人所得稅。

十四、報紙、雜誌等新聞出版業的人員怎樣繳納個人所得稅

任職、受雇於報紙、雜誌等單位的記者、編輯等專業人員,因在本單位的報紙、雜誌上發表稿件、圖片,編審人員校對、審稿,廣告人員從事本單位業務,因工作需要而完成本單位課題或學術論文等從本單位取得的所得,屬於因任職、受雇而取得的所得,應與其當月工資收入合併,按「工資薪金所得」項目徵收個人所得稅。

除上述專業人員以外,其他人員在本單位的報紙、雜誌上發表作品取得的所得,應按「稿酬所得」項目徵收個人所得稅。

非本單位人員從事校對、審稿取得的所得,按「勞務報酬所得」項目徵收個人所得稅。

非本單位人員從事廣告介紹服務取得的所得,按

「勞務報酬所得」項目徵收個人所得稅。

出版社的專業作者撰寫、編寫或翻譯的作品，由本社以圖書形式出版而取得的稿費收入，應按「稿酬所得」項目徵收個人所得稅。

十五、個人舉辦各類學習班取得的收入，應怎樣繳納個人所得稅

個人舉辦學習班、培訓班取得的收入，在繳納個人所得稅時要區別以下兩種情況，計算繳納個人所得稅。

（1）個人經政府有關部門批准，取得執照，從事辦學取得的所得，應按「經營所得」應稅項目計徵個人所得稅。

（2）個人無須經政府有關部門批准並取得執照，舉辦學習班、培訓班的，其取得的辦班收入，按勞務報酬所得計算繳納個人所得稅。其中，辦班者每次收入按以下方法確定：

一次收取學費的，以一期取得的收入為一次；分次收取學費的，以每月取得的收入為一次。

個人舉辦各類學習班取得收入，扣除增值稅、城市維護建設稅和教育費附加以後的餘額，繳納個人所得稅。

十六、個人從事醫療服務活動取得的收入，應怎樣繳納個人所得稅

個人經政府有關部門批准，取得執照，以門診部、診所、衛生所（室）、衛生院、醫院等醫療機構形式，從事疾病診斷、治療及售藥等服務活動，應當以該醫療機構取得的所得，作為個人的應納稅所得，按照「經營所得」應稅項目繳納個人所得稅。

個人未經政府有關部門批准，自行連續從事醫療服務活動，不管是否有經營場所，其取得與醫療服務活動相關的所得，按照「經營所得」應稅項目繳納個人所得稅。

醫生承包經營由集體、合夥或個人出資的鄉村衛生室（站），經營成果歸醫生個人所有即承包人取得的所得，按照「經營所得」應稅項目，繳納個人所得稅。

鄉村衛生室（站）的醫務人員取得的所得，按照「工資薪金所得」應稅項目繳納個人所得稅。

受醫療機構臨時聘請坐堂門診及售藥，由該醫療機構支付報酬，或收入與該醫療機構按比例分成的人員，其取得的所得，按照「勞務報酬所得」應稅項目繳納個人所得稅，以一個月內取得的所得為一次，稅款由該醫療機構代扣代繳。

十七、二手房轉讓怎樣繳納個人所得稅

（1）查帳徵收。即對住房轉讓所得徵收個人所得稅時，以實際成交價格為轉讓收入，納稅人可憑原購房合同、發票等有效憑證，經稅務機關審核後，允許從其轉讓收入中減除房屋原值、轉讓住房過程中繳納的稅金及有關合理費用。轉讓住房過程中繳納的稅金是指納稅人在轉讓住房時實際繳納的城市維護建設稅、教育費附加、土地增值稅、印花稅等稅金。合理費用是指納稅人按照規定實際支付的住房裝修費用、住房貸款利息、手續費、公證費等費用。其計算公式是：

應納稅額＝（轉讓收入－房屋原值－轉讓住房過程中繳納的稅金及有關合理費用）×20%

（2）核定徵收。對納稅人未提供完整、準確的房屋原值憑證，不能正確計算房屋原值和應納稅額的，稅務機關可根據《中華人民共和國稅收徵收管理法》的有關規定，對其實行核定徵稅，由地市級地方稅務局根據納稅人出售住房的所處區域、地理位置、建造時間、房屋類型、住房平均價格水準等因素，在住房轉讓收入1%～3%的幅度內確定。目前，四川省各地對未提供完整、準確的房屋原值憑證，不能正確計算房屋原值和應納稅額的，基本上按照住房轉讓收入1%的比例徵收個人所得稅。

（3）納稅人申報的住房成交價格明顯低於市場價格且無正當理由的，徵收機關依法有權根據有關信息核定其轉讓收入，但必須保證各稅種計稅價格一致。

十八、個人轉讓無償贈予取得的不動產（主要是房產）是否繳納個人所得稅

個人向他人無償贈予不動產，包括繼承、遺產處分及其他無償贈予不動產三種情況，都涉及個人所得稅問題。

符合財稅〔2009〕78號第一款規定的受贈人取得贈予人無償贈予的不動產時，此環節不徵收個人所得稅，但受贈人將此不動產再次轉讓時，應按「財產轉讓所得」徵收個人所得稅。在繳納個人所得稅時，以其轉讓受贈房屋的收入減除原捐贈人取得該房屋的實際購置成本以及贈予和轉讓過程中受贈人支付的相關稅費後的餘額，為受贈人的應納稅所得額，依法計徵個人所得稅。受贈人轉讓受贈房屋價格明顯偏低且無正當理由的，稅務機關可以依據該房屋的市場評估價格或其他合理方式確定的價格核定其轉讓收入。

需要強調的是，在計徵個人受贈不動產轉讓的個人所得稅時，不得核定徵收，必須嚴格按照稅法規定據實徵收。

第六章　個人所得稅常見熱點問題

十九、個人與房地產開發企業簽訂有條件價格優惠協議購買商店是否徵收個人所得稅

個人與房地產開發企業簽訂有條件的價格優惠協議購買商店，其實質是購買者個人以所購商店交由房地產開發企業出租而取得的房屋租賃收入支付了部分購房價款。按照個人所得稅法的有關規定，應視同個人取得的財產租賃所得，按照「財產租賃所得」項目徵收個人所得稅。每次財產租賃所得的收入額，按照少支出的購房價款和協議規定的租賃月份數平均計算確定。

二十、兩個或兩個以上的個人共同取得同一項目收入的，如何計徵個人所得稅

兩個或者兩個以上的個人共同取得同一項目收入的，應當對每個人取得的收入分別按照稅法規定減除費用後計算納稅。也就是說可以按照之前的約定，分割收入。

二十一、對科技人員取得職務科技成果轉化現金獎勵有什麼個人所得稅優惠政策

依法批准設立的非營利性研究開發機構和高等學校根據《中華人民共和國促進科技成果轉化法》的規定，

從職務科技成果轉化收入中給予科技人員的現金獎勵，可減按50%計入科技人員當月「工資薪金所得」，依法繳納個人所得稅。

二十二、科技人員享受職務現金轉化稅收優惠政策，需要符合什麼條件

科技人員享受職務現金轉化稅收優惠政策，須同時符合以下條件：

（1）科技人員是指非營利性科研機構和高校中對完成或轉化職務科技成果做出重要貢獻的人員。非營利性科研機構和高校應按規定公示有關科技人員名單及相關信息（國防專利轉化除外），具體公示辦法由科技部會同財政部、稅務總局制定。

（2）科技成果是指專利技術（含國防專利）、計算機軟件著作權、集成電路布圖設計專有權、植物新品種權、生物醫藥新品種，以及科技部、財政部、稅務總局確定的其他技術成果。

（3）科技成果轉化是指非營利性科研機構和高校向他人轉讓科技成果或者許可他人使用科技成果。現金獎勵是指非營利性科研機構和高校在取得科技成果轉化收入三年（36個月）內獎勵給科技人員的現金。

（4）非營利性科研機構和高校轉化科技成果，應當簽訂技術合同，並根據《技術合同認定登記管理辦法》，

在技術合同登記機構進行審核登記，並取得技術合同認定登記證明。

非營利性科研機構和高校應健全科技成果轉化的資金核算，不得將正常工資、獎金等收入列入科技人員職務科技成果轉化現金獎勵享受稅收優惠。

二十三、對符合條件的非上市公司股票期權、股權期權、限制性股票和股權獎勵遞延納稅政策的具體規定是什麼

非上市公司授予本公司員工的股票期權、股權期權、限制性股票和股權獎勵，符合規定條件的，經向主管稅務機關備案，可實行遞延納稅政策，即員工在取得股權激勵時可暫不納稅，遞延至轉讓該股權時納稅；股權轉讓時，按照股權轉讓收入減除股權取得成本以及合理稅費後的差額，適用「財產轉讓所得」項目，按照20%的稅率計算繳納個人所得稅。

股權轉讓時，股票（權）期權取得成本按行權價確定，限制性股票取得成本按實際出資額確定，股權獎勵取得成本為零。

政策所稱的股票（權）期權是指公司給予激勵對象在一定期限內以事先約定的價格購買本公司股票（權）的權利；所稱限制性股票是指公司按照預先確定的條件授予激勵對象一定數量的本公司股權，激勵對象只有工

作年限或業績目標符合股權激勵計劃規定條件的，才可以處置該股權；所稱股權獎勵是指企業無償授予激勵對象一定份額的股權或一定數量的股份。

二十四、享受遞延納稅政策的非上市公司股權激勵（包括股票期權、股權期權、限制性股票和股權獎勵）需同時滿足哪些條件

需同時滿足以下條件：

（1）屬於境內居民企業的股權激勵計劃。

（2）股權激勵計劃經公司董事會、股東（大）會審議通過。未設股東（大）會的國有單位，經上級主管部門審核批准。股權激勵計劃應列明激勵目的、對象、標的、有效期、各類價格的確定方法、激勵對象獲取權益的條件、程序等。

（3）激勵標的應為境內居民企業的本公司股權。股權獎勵的標的可以是技術成果投資入股到其他境內居民企業所取得的股權。激勵標的股票（權）包括通過增發、大股東直接讓渡以及法律法規允許的其他合理方式授予激勵對象的股票（權）。

（4）激勵對象應為公司董事會或股東（大）會決定的技術骨幹和高級管理人員，激勵對象人數累計不得超過本公司最近 6 個月在職職工平均人數的 30%。

（5）股票（權）期權自授予日起應持有滿 3 年，且

自行權日起持有滿 1 年；限制性股票自授予日起應持有滿 3 年，且解禁後持有滿 1 年；股權獎勵自獲得獎勵之日起應持有滿 3 年。上述時間條件須在股權激勵計劃中列明。

（6）股票（權）期權自授予日至行權日的時間不得超過 10 年。

（7）實施股權獎勵的公司及其獎勵股權標的公司所屬行業均不屬於《股權獎勵稅收優惠政策限制性行業目錄》範圍。公司所屬行業按公司上一納稅年度主營業務收入占比最高的行業確定。

二十五、個人因產權糾紛等原因未能及時獲取房屋所有權證書，向法院、仲裁機構申請裁定後，取得人民法院、仲裁委員會的房屋所有權證裁定書的時間，可否確認為個人取得房屋所有權證書時間

個人轉讓住房，因產權糾紛等原因未能及時取得房屋所有權證書（包括不動產權證書），而人民法院、仲裁委員會出具的法律文書確認個人購買住房的，法律文書的生效日期視同房屋所有權證書的註明時間，可據以確定納稅人是否享受稅收優惠政策。

二十六、微信紅包、網絡紅包需要交稅嗎

（1）個人取得的企業派發的現金網絡紅包，應按照偶然所得項目計算繳納個人所得稅，稅款由派發紅包的企業代扣代繳。

（2）個人取得的企業派發的且用於購買該企業商品（產品）或服務才能使用的非現金網絡紅包，包括各種消費券、代金券、抵用券、優惠券等，以及個人因購買該企業商品或服務達到一定額度而取得企業返還的現金網絡紅包，屬於企業銷售商品（產品）或提供服務的價格折扣、折讓，不徵收個人所得稅。比如滴滴公司給乘客的打車券、折扣券。

（3）個人之間派發的現金網絡紅包，不屬於個人所得稅法規定的應稅所得，不徵收個人所得稅。比如，過年時長輩發給晚輩的壓歲錢是不需要繳稅的。

附錄

中華人民共和國個人所得稅法

（1980年9月10日第五屆全國人民代表大會第三次會議通過，根據1993年10月31日第八屆全國人民代表大會常務委員會第四次會議《關於修改〈中華人民共和國個人所得稅法〉的決定》第一次修正，根據1999年8月30日第九屆全國人民代表大會常務委員會第十一次會議《關於修改〈中華人民共和國個人所得稅法〉的決定》第二次修正，根據2005年10月27日第十屆全國人民代表大會常務委員會第十八次會議《關於修改〈中華人民共和國個人所得稅法〉的決定》第三次修正，根據2007年6月29日第十屆全國人民代表大會常務委員會第二十八次會議《關於修改〈中華人民共和國個人所得稅法〉的決定》第四次修正，根據2007年12月29日第十屆全國人民代表大會常務委員會第三十一次會議《關於修改〈中華人民共和國個人所得稅法〉的決定》第五次修正，

根據2011年6月30日第十一屆全國人民代表大會常務委員會第二十一次會議《關於修改〈中華人民共和國個人所得稅法〉的決定》第六次修正，根據2018年8月31日第十三屆全國人民代表大會常務委員會第五次會議《關於修改〈中華人民共和國個人所得稅法〉的決定》第七次修正)

第一條　在中國境內有住所，或者無住所而一個納稅年度內在中國境內居住累計滿一百八十三天的個人，為居民個人。居民個人從中國境內和境外取得的所得，依照本法規定繳納個人所得稅。

在中國境內無住所又不居住，或者無住所而一個納稅年度內在中國境內居住累計不滿一百八十三天的個人，為非居民個人。非居民個人從中國境內取得的所得，依照本法規定繳納個人所得稅。

納稅年度，自公曆一月一日起至十二月三十一日止。

第二條　下列各項個人所得，應當繳納個人所得稅：

（一）工資薪金所得；

（二）勞務報酬所得；

（三）稿酬所得；

（四）特許權使用費所得；

（五）經營所得；

（六）利息、股息、紅利所得；

（七）財產租賃所得；

（八）財產轉讓所得；

（九）偶然所得。

居民個人取得前款第一項至第四項所得（以下稱綜合所得），按納稅年度合併計算個人所得稅；非居民個人取得前款第一項至第四項所得，按月或者按次分項計算個人所得稅。納稅人取得前款第五項至第九項所得，依照本法規定分別計算個人所得稅。

第三條　個人所得稅的稅率：

（一）綜合所得，適用百分之三至百分之四十五的超額累進稅率（稅率表附後）；

（二）經營所得，適用百分之五至百分之三十五的超額累進稅率（稅率表附後）；

（三）利息、股息、紅利所得，財產租賃所得，財產轉讓所得和偶然所得，適用比例稅率，稅率為百分之二十。

第四條　下列各項個人所得，免徵個人所得稅：

（一）省級人民政府、國務院部委和中國人民解放軍軍以上單位，以及外國組織、國際組織頒發的科學、教育、技術、文化、衛生、體育、環境保護等方面的獎金；

（二）國債和國家發行的金融債券利息；

（三）按照國家統一規定發給的補貼、津貼；

（四）福利費、撫恤金、救濟金；

（五）保險賠款；

（六）軍人的轉業費、復員費、退役金；

（七）按照國家統一規定發給幹部、職工的安家費、退職費、基本養老金或者退休費、離休費、離休生活補

助費；

（八）依照有關法律規定應予免稅的各國駐華使館、領事館的外交代表、領事官員和其他人員的所得；

（九）中國政府參加的國際公約、簽訂的協議中規定免稅的所得；

（十）國務院規定的其他免稅所得。

前款第十項免稅規定，由國務院報全國人民代表大會常務委員會備案。

第五條 有下列情形之一的，可以減徵個人所得稅，具體幅度和期限，由省、自治區、直轄市人民政府規定，並報同級人民代表大會常務委員會備案：

（一）殘疾、孤老人員和烈屬的所得；

（二）因自然災害遭受重大損失的。

國務院可以規定其他減稅情形，報全國人民代表大會常務委員會備案。

第六條 應納稅所得額的計算：

（一）居民個人的綜合所得，以每一納稅年度的收入額減除費用六萬元以及專項扣除、專項附加扣除和依法確定的其他扣除後的餘額，為應納稅所得額。

（二）非居民個人的工資薪金所得，以每月收入額減除費用五千元後的餘額為應納稅所得額；勞務報酬所得、稿酬所得、特許權使用費所得，以每次收入額為應納稅所得額。

（三）經營所得，以每一納稅年度的收入總額減除成本、費用以及損失後的餘額，為應納稅所得額。

（四）財產租賃所得，每次收入不超過四千元的，減除費用八百元；四千元以上的，減除百分之二十的費用，其餘額為應納稅所得額。

（五）財產轉讓所得，以轉讓財產的收入額減除財產原值和合理費用後的餘額，為應納稅所得額。

（六）利息、股息、紅利所得和偶然所得，以每次收入額為應納稅所得額。

勞務報酬所得、稿酬所得、特許權使用費所得以收入減除百分之二十的費用後的餘額為收入額。稿酬所得的收入額減按百分之七十計算。

個人將其所得對教育、扶貧、濟困等公益慈善事業進行捐贈，捐贈額未超過納稅人申報的應納稅所得額百分之三十的部分，可以從其應納稅所得額中扣除；國務院規定對公益慈善事業捐贈實行全額稅前扣除的，從其規定。

本條第一款第一項規定的專項扣除，包括居民個人按照國家規定的範圍和標準繳納的基本養老保險、基本醫療保險、失業保險等社會保險費和住房公積金等；專項附加扣除，包括子女教育、繼續教育、大病醫療、住房貸款利息或者住房租金、贍養老人等支出，具體範圍、標準和實施步驟由國務院確定，並報全國人民代表大會常務委員會備案。

第七條　居民個人從中國境外取得的所得，可以從其應納稅額中抵免已在境外繳納的個人所得稅稅額，但抵免額不得超過該納稅人境外所得依照本法規定計算的

應納稅額。

第八條 有下列情形之一的，稅務機關有權按照合理方法進行納稅調整：

（一）個人與其關聯方之間的業務往來不符合獨立交易原則而減少本人或者其關聯方應納稅額，且無正當理由；

（二）居民個人控制的，或者居民個人和居民企業共同控制的設立在實際稅負明顯偏低的國家（地區）的企業，無合理經營需要，對應當歸屬於居民個人的利潤不作分配或者減少分配；

（三）個人實施其他不具有合理商業目的的安排而獲取不當稅收利益。

稅務機關依照前款規定作出納稅調整，需要補徵稅款的，應當補徵稅款，並依法加收利息。

第九條 個人所得稅以所得人為納稅人，以支付所得的單位或者個人為扣繳義務人。

納稅人有中國公民身分號碼的，以中國公民身分號碼為納稅人識別號；納稅人沒有中國公民身分號碼的，由稅務機關賦予其納稅人識別號。扣繳義務人扣繳稅款時，納稅人應當向扣繳義務人提供納稅人識別號。

第十條 有下列情形之一的，納稅人應當依法辦理納稅申報：

（一）取得綜合所得需要辦理匯算清繳；

（二）取得應稅所得沒有扣繳義務人；

（三）取得應稅所得，扣繳義務人未扣繳稅款；

（四）取得境外所得；

（五）因移居境外註銷中國戶籍；

（六）非居民個人在中國境內從兩處以上取得工資薪金所得；

（七）國務院規定的其他情形。

扣繳義務人應當按照國家規定辦理全員全額扣繳申報，並向納稅人提供其個人所得和已扣繳稅款等信息。

第十一條 居民個人取得綜合所得，按年計算個人所得稅；有扣繳義務人的，由扣繳義務人按月或者按次預扣預繳稅款；需要辦理匯算清繳的，應當在取得所得的次年三月一日至六月三十日內辦理匯算清繳。預扣預繳辦法由國務院稅務主管部門制定。

居民個人向扣繳義務人提供專項附加扣除信息的，扣繳義務人按月預扣預繳稅款時應當按照規定予以扣除，不得拒絕。

非居民個人取得工資薪金所得，勞務報酬所得，稿酬所得和特許權使用費所得，有扣繳義務人的，由扣繳義務人按月或者按次代扣代繳稅款，不辦理匯算清繳。

第十二條 納稅人取得經營所得，按年計算個人所得稅，由納稅人在月度或者季度終了後十五日內向稅務機關報送納稅申報表，並預繳稅款；在取得所得的次年三月三十一日前辦理匯算清繳。

納稅人取得利息、股息、紅利所得，財產租賃所得，財產轉讓所得和偶然所得，按月或者按次計算個人所得稅，有扣繳義務人的，由扣繳義務人按月或者按次代扣

代繳稅款。

第十三條 納稅人取得應稅所得沒有扣繳義務人的，應當在取得所得的次月十五日內向稅務機關報送納稅申報表，並繳納稅款。

納稅人取得應稅所得，扣繳義務人未扣繳稅款的，納稅人應當在取得所得的次年六月三十日前，繳納稅款；稅務機關通知限期繳納的，納稅人應當按照期限繳納稅款。

居民個人從中國境外取得所得的，應當在取得所得的次年三月一日至六月三十日內申報納稅。

非居民個人在中國境內從兩處以上取得工資薪金所得的，應當在取得所得的次月十五日內申報納稅。

納稅人因移居境外註銷中國戶籍的，應當在註銷中國戶籍前辦理稅款清算。

第十四條 扣繳義務人每月或者每次預扣、代扣的稅款，應當在次月十五日內繳入國庫，並向稅務機關報送扣繳個人所得稅申報表。

納稅人辦理匯算清繳退稅或者扣繳義務人為納稅人辦理匯算清繳退稅的，稅務機關審核後，按照國庫管理的有關規定辦理退稅。

第十五條 公安、人民銀行、金融監督管理等相關部門應當協助稅務機關確認納稅人的身分、金融帳戶信息。教育、衛生、醫療保障、民政、人力資源社會保障、住房城鄉建設、公安、人民銀行、金融監督管理等相關部門應當向稅務機關提供納稅人子女教育、繼續教育、

大病醫療、住房貸款利息、住房租金、贍養老人等專項附加扣除信息。

個人轉讓不動產的，稅務機關應當根據不動產登記等相關信息核驗應繳的個人所得稅，登記機構辦理轉移登記時，應當查驗與該不動產轉讓相關的個人所得稅的完稅憑證。個人轉讓股權辦理變更登記的，市場主體登記機關應當查驗與該股權交易相關的個人所得稅的完稅憑證。

有關部門依法將納稅人、扣繳義務人遵守本法的情況納入信用信息系統，並實施聯合激勵或者懲戒。

第十六條　各項所得的計算，以人民幣為單位。所得為人民幣以外的貨幣的，按照人民幣匯率中間價折合成人民幣繳納稅款。

第十七條　對扣繳義務人按照所扣繳的稅款，付給百分之二的手續費。

第十八條　對儲蓄存款利息所得開徵、減徵、停徵個人所得稅及其具體辦法，由國務院規定，並報全國人民代表大會常務委員會備案。

第十九條　納稅人、扣繳義務人和稅務機關及其工作人員違反本法規定的，依照《中華人民共和國稅收徵收管理法》和有關法律法規的規定追究法律責任。

第二十條　個人所得稅的徵收管理，依照本法和《中華人民共和國稅收徵收管理法》的規定執行。

第二十一條　國務院根據本法制定實施條例。

第二十二條　本法自公布之日起施行。

個人所得稅新法實用手冊

附表 1　　　　個人所得稅稅率表一

(綜合所得適用)

級數	全年應納稅所得額	稅率(%)
1	不超過 36,000 元的	3
2	超過 36,000 元至 144,000 元的部分	10
3	超過 144,000 元至 300,000 元的部分	20
4	超過 300,000 元至 420,000 元的部分	25
5	超過 420,000 元至 660,000 元的部分	30
6	超過 660,000 元至 960,000 元的部分	35
7	超過 960,000 元的部分	45

　　註1：本表所稱全年應納稅所得額是指依照本法第六條的規定，居民個人取得綜合所得以每一納稅年度收入額減除費用六萬元以及專項扣除、專項附加扣除和依法確定的其他扣除後的餘額。

　　註2：非居民個人取得工資薪金所得，勞務報酬所得，稿酬所得和特許權使用費所得，依照本表按月換算後計算應納稅額。

附表 2　　　　個人所得稅稅率表二

(經營所得適用)

級數	全年應納稅所得額	稅率(%)
1	不超過 30,000 元的	5
2	超過 30,000 元至 90,000 元的部分	10
3	超過 90,000 元至 300,000 元的部分	20
4	超過 300,000 元至 500,000 元的部分	30
5	超過 500,000 的部分	35

　　註：本表所稱全年應納稅所得額是指依照本法第六條的規定，以每一納稅年度的收入總額減除成本、費用以及損失後的餘額。

中華人民共和國個人所得稅法實施條例

中華人民共和國國務院令第 707 號

現公布修訂後的《中華人民共和國個人所得稅法實施條例》，自 2019 年 1 月 1 日起施行。

總理　李克強

2018 年 12 月 18 日

中華人民共和國個人所得稅法實施條例

（1994 年 1 月 28 日中華人民共和國國務院令第 142 號發布，根據 2005 年 12 月 19 日《國務院關於修改〈中華人民共和國個人所得稅法實施條例〉的決定》第一次修訂，根據 2008 年 2 月 18 日《國務院關於修改〈中華人民共和國個人所得稅法實施條例〉的決定》第二次修訂，根據 2011 年 7 月 19 日《國務院關於修改〈中華人民共和國個人所得稅法實施條例〉的決定》第三次修訂，根據 2018 年 12 月 18 日中華人民共和國國務院令第 707 號第四次修訂）

第一條　根據《中華人民共和國個人所得稅法》（以下簡稱個人所得稅法），制定本條例。

第二條　個人所得稅法所稱在中國境內有住所，是指因戶籍、家庭、經濟利益關係而在中國境內習慣性居

住；所稱從中國境內和境外取得的所得，分別是指來源於中國境內的所得和來源於中國境外的所得。

第三條　除國務院財政、稅務主管部門另有規定外，下列所得，不論支付地點是否在中國境內，均為來源於中國境內的所得：

（一）因任職、受雇、履約等在中國境內提供勞務取得的所得；

（二）將財產出租給承租人在中國境內使用而取得的所得；

（三）許可各種特許權在中國境內使用而取得的所得；

（四）轉讓中國境內的不動產等財產或者在中國境內轉讓其他財產取得的所得；

（五）從中國境內企業、事業單位、其他組織以及居民個人取得的利息、股息、紅利所得。

第四條　在中國境內無住所的個人，在中國境內居住累計滿183天的年度連續不滿六年的，經向主管稅務機關備案，其來源於中國境外且由境外單位或者個人支付的所得，免予繳納個人所得稅；在中國境內居住累計滿183天的任一年度中有一次離境超過30天的，其在中國境內居住累計滿183天的年度的連續年限重新起算。

第五條　在中國境內無住所的個人，在一個納稅年度內在中國境內居住累計不超過90天的，其來源於中國境內的所得，由境外雇主支付並且不由該雇主在中國境內的機構、場所負擔的部分，免予繳納個人所得稅。

第六條 個人所得稅法規定的各項個人所得的範圍：

（一）工資薪金所得，是指個人因任職或者受雇取得的工資、薪金、獎金、年終加薪、勞動分紅、津貼、補貼以及與任職或者受雇有關的其他所得。

（二）勞務報酬所得，是指個人從事勞務取得的所得，包括從事設計、裝潢、安裝、制圖、化驗、測試、醫療、法律、會計、諮詢、講學、翻譯、審稿、書畫、雕刻、影視、錄音、錄像、演出、表演、廣告、展覽、技術服務、介紹服務、經紀服務、代辦服務以及其他勞務取得的所得。

（三）稿酬所得，是指個人因其作品以圖書、報刊等形式出版、發表而取得的所得。

（四）特許權使用費所得，是指個人提供專利權、商標權、著作權、非專利技術以及其他特許權的使用權取得的所得；提供著作權的使用權取得的所得，不包括稿酬所得。

（五）經營所得，是指：

1. 個體工商戶從事生產、經營活動取得的所得，個人獨資企業投資人、合夥企業的個人合夥人來源於境內註冊的個人獨資企業、合夥企業生產、經營的所得；

2. 個人依法從事辦學、醫療、諮詢以及其他有償服務活動取得的所得；

3. 個人對企業、事業單位承包經營、承租經營以及轉包、轉租取得的所得；

4. 個人從事其他生產、經營活動取得的所得。

（六）利息、股息、紅利所得，是指個人擁有債權、股權等而取得的利息、股息、紅利所得。

（七）財產租賃所得，是指個人出租不動產、機器設備、車船以及其他財產取得的所得。

（八）財產轉讓所得，是指個人轉讓有價證券、股權、合夥企業中的財產份額、不動產、機器設備、車船以及其他財產取得的所得。

（九）偶然所得，是指個人得獎、中獎、中彩以及其他偶然性質的所得。

個人取得的所得，難以界定應納稅所得項目的，由國務院稅務主管部門確定。

第七條　對股票轉讓所得徵收個人所得稅的辦法，由國務院另行規定，並報全國人民代表大會常務委員會備案。

第八條　個人所得的形式，包括現金、實物、有價證券和其他形式的經濟利益；所得為實物的，應當按照取得的憑證上所註明的價格計算應納稅所得額，無憑證的實物或者憑證上所註明的價格明顯偏低的，參照市場價格核定應納稅所得額；所得為有價證券的，根據票面價格和市場價格核定應納稅所得額；所得為其他形式的經濟利益的，參照市場價格核定應納稅所得額。

第九條　個人所得稅法第四條第一款第二項所稱國債利息，是指個人持有中華人民共和國財政部發行的債券而取得的利息；所稱國家發行的金融債券利息，是指個人持有經國務院批准發行的金融債券而取得的利息。

第十條 個人所得稅法第四條第一款第三項所稱按照國家統一規定發給的補貼、津貼,是指按照國務院規定發給的政府特殊津貼、院士津貼,以及國務院規定免予繳納個人所得稅的其他補貼、津貼。

第十一條 個人所得稅法第四條第一款第四項所稱福利費,是指根據國家有關規定,從企業、事業單位、國家機關、社會組織提留的福利費或者工會經費中支付給個人的生活補助費;所稱救濟金,是指各級人民政府民政部門支付給個人的生活困難補助費。

第十二條 個人所得稅法第四條第一款第八項所稱依照有關法律規定應予免稅的各國駐華使館、領事館的外交代表、領事官員和其他人員的所得,是指依照《中華人民共和國外交特權與豁免條例》和《中華人民共和國領事特權與豁免條例》規定免稅的所得。

第十三條 個人所得稅法第六條第一款第一項所稱依法確定的其他扣除,包括個人繳付符合國家規定的企業年金、職業年金,個人購買符合國家規定的商業健康保險、稅收遞延型商業養老保險的支出,以及國務院規定可以扣除的其他項目。

專項扣除、專項附加扣除和依法確定的其他扣除,以居民個人一個納稅年度的應納稅所得額為限額;一個納稅年度扣除不完的,不結轉以後年度扣除。

第十四條 個人所得稅法第六條第一款第二項、第四項、第六項所稱每次,分別按照下列方法確定:

(一)勞務報酬所得、稿酬所得、特許權使用費所

得，屬於一次性收入的，以取得該項收入為一次；屬於同一項目連續性收入的，以一個月內取得的收入為一次。

（二）財產租賃所得，以一個月內取得的收入為一次。

（三）利息、股息、紅利所得，以支付利息、股息、紅利時取得的收入為一次。

（四）偶然所得，以每次取得該項收入為一次。

第十五條　個人所得稅法第六條第一款第三項所稱成本、費用，是指生產、經營活動中發生的各項直接支出和分配計入成本的間接費用以及銷售費用、管理費用、財務費用；所稱損失，是指生產、經營活動中發生的固定資產和存貨的盤虧、毀損、報廢損失，轉讓財產損失，壞帳損失，自然災害等不可抗力因素造成的損失以及其他損失。

取得經營所得的個人，沒有綜合所得的，計算其每一納稅年度的應納稅所得額時，應當減除費用6萬元、專項扣除、專項附加扣除以及依法確定的其他扣除。專項附加扣除在辦理匯算清繳時減除。

從事生產、經營活動，未提供完整、準確的納稅資料，不能正確計算應納稅所得額的，由主管稅務機關核定應納稅所得額或者應納稅額。

第十六條　個人所得稅法第六條第一款第五項規定的財產原值，按照下列方法確定：

（一）有價證券，為買入價以及買入時按照規定交納的有關費用；

（二）建築物，為建造費或者購進價格以及其他有關費用；

（三）土地使用權，為取得土地使用權所支付的金額、開發土地的費用以及其他有關費用；

（四）機器設備、車船，為購進價格、運輸費、安裝費以及其他有關費用。

其他財產，參照前款規定的方法確定財產原值。

納稅人未提供完整、準確的財產原值憑證，不能按照本條第一款規定的方法確定財產原值的，由主管稅務機關核定財產原值。

個人所得稅法第六條第一款第五項所稱合理費用，是指賣出財產時按照規定支付的有關稅費。

第十七條　財產轉讓所得，按照一次轉讓財產的收入額減除財產原值和合理費用後的餘額計算納稅。

第十八條　兩個以上的個人共同取得同一項目收入的，應當對每個人取得的收入分別按照個人所得稅法的規定計算納稅。

第十九條　個人所得稅法第六條第三款所稱個人將其所得對教育、扶貧、濟困等公益慈善事業進行捐贈，是指個人將其所得通過中國境內的公益性社會組織、國家機關向教育、扶貧、濟困等公益慈善事業的捐贈；所稱應納稅所得額，是指計算扣除捐贈額之前的應納稅所得額。

第二十條　居民個人從中國境內和境外取得的綜合所得、經營所得，應當分別合併計算應納稅額；從中國

境內和境外取得的其他所得，應當分別單獨計算應納稅額。

　　第二十一條　個人所得稅法第七條所稱已在境外繳納的個人所得稅稅額，是指居民個人來源於中國境外的所得，依照該所得來源國家（地區）的法律應當繳納並且實際已經繳納的所得稅稅額。

　　個人所得稅法第七條所稱納稅人境外所得依照本法規定計算的應納稅額，是居民個人抵免已在境外繳納的綜合所得、經營所得以及其他所得的所得稅稅額的限額（以下簡稱抵免限額）。除國務院財政、稅務主管部門另有規定外，來源於中國境外一個國家（地區）的綜合所得抵免限額、經營所得抵免限額以及其他所得抵免限額之和，為來源於該國家（地區）所得的抵免限額。

　　居民個人在中國境外一個國家（地區）實際已經繳納的個人所得稅稅額，低於依照前款規定計算出的來源於該國家（地區）所得的抵免限額的，應當在中國繳納差額部分的稅款；超過來源於該國家（地區）所得的抵免限額的，其超過部分不得在本納稅年度的應納稅額中抵免，但是可以在以後納稅年度來源於該國家（地區）所得的抵免限額的餘額中補扣。補扣期限最長不得超過五年。

　　第二十二條　居民個人申請抵免已在境外繳納的個人所得稅稅額，應當提供境外稅務機關出具的稅款所屬年度的有關納稅憑證。

　　第二十三條　個人所得稅法第八條第二款規定的利

息，應當按照稅款所屬納稅申報期最後一日中國人民銀行公布的與補稅期間同期的人民幣貸款基準利率計算，自稅款納稅申報期滿次日起至補繳稅款期限屆滿之日止按日加收。納稅人在補繳稅款期限屆滿前補繳稅款的，利息加收至補繳稅款之日。

第二十四條　扣繳義務人向個人支付應稅款項時，應當依照個人所得稅法規定預扣或者代扣稅款，按時繳庫，並專項記載備查。

前款所稱支付，包括現金支付、匯撥支付、轉帳支付和以有價證券、實物以及其他形式的支付。

第二十五條　取得綜合所得需要辦理匯算清繳的情形包括：

（一）從兩處以上取得綜合所得，且綜合所得年收入額減除專項扣除的餘額超過6萬元；

（二）取得勞務報酬所得、稿酬所得、特許權使用費所得中一項或者多項所得，且綜合所得年收入額減除專項扣除的餘額超過6萬元；

（三）納稅年度內預繳稅額低於應納稅額；

（四）納稅人申請退稅。

納稅人申請退稅，應當提供其在中國境內開設的銀行帳戶，並在匯算清繳地就地辦理稅款退庫。

匯算清繳的具體辦法由國務院稅務主管部門制定。

第二十六條　個人所得稅法第十條第二款所稱全員全額扣繳申報，是指扣繳義務人在代扣稅款的次月十五日內，向主管稅務機關報送其支付所得的所有個人的有

關信息、支付所得數額、扣除事項和數額、扣繳稅款的具體數額和總額以及其他相關涉稅信息資料。

　　第二十七條　納稅人辦理納稅申報的地點以及其他有關事項的具體辦法，由國務院稅務主管部門制定。

　　第二十八條　居民個人取得工資薪金所得時，可以向扣繳義務人提供專項附加扣除有關信息，由扣繳義務人扣繳稅款時減除專項附加扣除。納稅人同時從兩處以上取得工資薪金所得，並由扣繳義務人減除專項附加扣除的，對同一專項附加扣除項目，在一個納稅年度內只能選擇從一處取得的所得中減除。

　　居民個人取得勞務報酬所得、稿酬所得、特許權使用費所得，應當在匯算清繳時向稅務機關提供有關信息，減除專項附加扣除。

　　第二十九條　納稅人可以委託扣繳義務人或者其他單位和個人辦理匯算清繳。

　　第三十條　扣繳義務人應當按照納稅人提供的信息計算辦理扣繳申報，不得擅自更改納稅人提供的信息。

　　納稅人發現扣繳義務人提供或者扣繳申報的個人信息、所得、扣繳稅款等與實際情況不符的，有權要求扣繳義務人修改。扣繳義務人拒絕修改的，納稅人應當報告稅務機關，稅務機關應當及時處理。

　　納稅人、扣繳義務人應當按照規定保存與專項附加扣除相關的資料。稅務機關可以對納稅人提供的專項附加扣除信息進行抽查，具體辦法由國務院稅務主管部門另行規定。稅務機關發現納稅人提供虛假信息的，應當

責令改正並通知扣繳義務人；情節嚴重的，有關部門應當依法予以處理，納入信用信息系統並實施聯合懲戒。

第三十一條　納稅人申請退稅時提供的匯算清繳信息有錯誤的，稅務機關應當告知其更正；納稅人更正的，稅務機關應當及時辦理退稅。

扣繳義務人未將扣繳的稅款解繳入庫的，不影響納稅人按照規定申請退稅，稅務機關應當憑納稅人提供的有關資料辦理退稅。

第三十二條　所得為人民幣以外貨幣的，按照辦理納稅申報或者扣繳申報的上一月最後一日人民幣匯率中間價，折合成人民幣計算應納稅所得額。年度終了後辦理匯算清繳的，對已經按月、按季或者按次預繳稅款的人民幣以外貨幣所得，不再重新折算；對應當補繳稅款的所得部分，按照上一納稅年度最後一日人民幣匯率中間價，折合成人民幣計算應納稅所得額。

第三十三條　稅務機關按照個人所得稅法第十七條的規定付給扣繳義務人手續費，應當填開退還書；扣繳義務人憑退還書，按照國庫管理有關規定辦理退庫手續。

第三十四條　個人所得稅納稅申報表、扣繳個人所得稅報告表和個人所得稅完稅憑證式樣，由國務院稅務主管部門統一制定。

第三十五條　軍隊人員個人所得稅徵收事宜，按照有關規定執行。

第三十六條　本條例自 2019 年 1 月 1 日起施行。

中華人民共和國稅收徵收管理法

中華人民共和國主席令第49號
第九屆全國人民代表大會常務委員會第二十一次會議修訂

第一章　總則

第一條　為了加強稅收徵收管理，規範稅收徵收和繳納行為，保障國家稅收收入，保護納稅人的合法權益，促進經濟和社會發展，制定本法。

第二條　凡依法由稅務機關徵收的各種稅收的徵收管理，均適用本法。

第三條　稅收的開徵、停徵以及減稅、免稅、退稅、補稅，依照法律的規定執行；法律授權國務院規定的，依照國務院制定的行政法規的規定執行。

任何機關、單位和個人不得違反法律、行政法規的規定，擅自作出稅收開徵、停徵以及減稅、免稅、退稅、補稅和其他同稅收法律、行政法規相抵觸的決定。

第四條　法律、行政法規規定負有納稅義務的單位和個人為納稅人。

法律、行政法規規定負有代扣代繳、代收代繳稅款義務的單位和個人為扣繳義務人。

納稅人、扣繳義務人必須依照法律、行政法規的規定繳納稅款、代扣代繳、代收代繳稅款。

第五條 國務院稅務主管部門主管全國稅收徵收管理工作。各地國家稅務局和地方稅務局應當按照國務院規定的稅收徵收管理範圍分別進行徵收管理。

地方各級人民政府應當依法加強對本行政區域內稅收徵收管理工作的領導或者協調，支持稅務機關依法執行職務，依照法定稅率計算稅額，依法徵收稅款。

各有關部門和單位應當支持、協助稅務機關依法執行職務。

稅務機關依法執行職務，任何單位和個人不得阻撓。

第六條 國家有計劃地用現代信息技術裝備各級稅務機關，加強稅收徵收管理信息系統的現代化建設，建立、健全稅務機關與政府其他管理機關的信息共享制度。

納稅人、扣繳義務人和其他有關單位應當按照國家有關規定如實向稅務機關提供與納稅和代扣代繳、代收代繳稅款有關的信息。

第七條 稅務機關應當廣泛宣傳稅收法律、行政法規，普及納稅知識，無償地為納稅人提供納稅諮詢服務。

第八條 納稅人、扣繳義務人有權向稅務機關瞭解國家稅收法律、行政法規的規定以及與納稅程序有關的情況。

納稅人、扣繳義務人有權要求稅務機關為納稅人、扣繳義務人的情況保密。稅務機關應當依法為納稅人、

扣繳義務人的情況保密。

納稅人依法享有申請減稅、免稅、退稅的權利。

納稅人、扣繳義務人對稅務機關所作出的決定，享有陳述權、申辯權；依法享有申請行政復議、提起行政訴訟、請求國家賠償等權利。

納稅人、扣繳義務人有權控告和檢舉稅務機關、稅務人員的違法違紀行為。

第九條　稅務機關應當加強隊伍建設，提高稅務人員的政治業務素質。

稅務機關、稅務人員必須秉公執法、忠於職守、清正廉潔、禮貌待人、文明服務，尊重和保護納稅人、扣繳義務人的權利，依法接受監督。

稅務人員不得索賄受賄、徇私舞弊、玩忽職守、不徵或者少徵應徵稅款；不得濫用職權多徵稅款或者故意刁難納稅人和扣繳義務人。

第十條　各級稅務機關應當建立、健全內部制約和監督管理制度。

上級稅務機關應當對下級稅務機關的執法活動依法進行監督。

各級稅務機關應當對其工作人員執行法律、行政法規和廉潔自律準則的情況進行監督檢查。

第十一條　稅務機關負責徵收、管理、稽查、行政復議的人員的職責應當明確，並相互分離、相互制約。

第十二條　稅務人員徵收稅款和查處稅收違法案件，

與納稅人、扣繳義務人或者稅收違法案件有利害關係的，應當迴避。

第十三條　任何單位和個人都有權檢舉違反稅收法律、行政法規的行為。收到檢舉的機關和負責查處的機關應當為檢舉人保密。稅務機關應當按照規定給予獎勵。

第十四條　本法所稱稅務機關是指各級稅務局、稅務分局、稅務所和按照國務院規定設立的並向社會公告的稅務機構。

第二章　稅務管理

第一節　稅務登記

第十五條　企業，企業在外地設立的分支機構和從事生產、經營的場所，個體工商戶和從事生產、經營的事業單位（以下統稱從事生產、經營的納稅人）自領取營業執照之日起三十日內，持有關證件，向稅務機關申報辦理稅務登記。稅務機關應當自收到申報之日起三十日內審核並發給稅務登記證件。[2013年6月29日第十二屆全國人民代表大會常務委員會第三次會議決定對《中華人民共和國稅收徵收管理法》做出如下修改：將第十五條第一款修改為「企業，企業在外地設立的分支機構和從事生產、經營的場所，個體工商戶和從事生產、經營的事業單位（以下統稱從事生產、經營的納稅人）自領取營業執照之日起三十日內，持有關證件，向稅務機關申報辦理稅務登記。稅務機關應當於收到申報的當

日辦理登記並發給稅務登記證件」。本決定自公布之日起施行。（主席令2013年第5號）確定於2013年6月29日起失效］

工商行政管理機關應當將辦理登記註冊、核發營業執照的情況，定期向稅務機關通報。

本條第一款規定以外的納稅人辦理稅務登記和扣繳義務人辦理扣繳稅款登記的範圍和辦法，由國務院規定。

第十六條　從事生產、經營的納稅人，稅務登記內容發生變化的，自工商行政管理機關辦理變更登記之日起三十日內或者在向工商行政管理機關申請辦理註銷登記之前，持有關證件向稅務機關申報辦理變更或者註銷稅務登記。

第十七條　從事生產、經營的納稅人應當按照國家有關規定，持稅務登記證件，在銀行或者其他金融機構開立基本存款帳戶和其他存款帳戶，並將其全部帳號向稅務機關報告。

銀行和其他金融機構應當在從事生產、經營的納稅人的帳戶中登錄稅務登記證件號碼，並在稅務登記證件中登錄從事生產、經營的納稅人的帳戶帳號。

稅務機關依法查詢從事生產、經營的納稅人開立帳戶的情況時，有關銀行和其他金融機構應當予以協助。

第十八條　納稅人按照國務院稅務主管部門的規定使用稅務登記證件。稅務登記證件不得轉借、塗改、損毀、買賣或者偽造。

第二節　帳簿、憑證管理

第十九條　納稅人、扣繳義務人按照有關法律、行政法規和國務院財政、稅務主管部門的規定設置帳簿，根據合法、有效憑證記帳，進行核算。

第二十條　從事生產、經營的納稅人的財務、會計制度或者財務、會計處理辦法和會計核算軟件，應當報送稅務機關備案。

納稅人、扣繳義務人的財務、會計制度或者財務、會計處理辦法與國務院或者國務院財政、稅務主管部門有關稅收的規定抵觸的，依照國務院或者國務院財政、稅務主管部門有關稅收的規定計算應納稅款、代扣代繳和代收代繳稅款。

第二十一條　稅務機關是發票的主管機關，負責發票印製、領購、開具、取得、保管、繳銷的管理和監督。

單位、個人在購銷商品、提供或者接受經營服務以及從事其他經營活動中，應當按照規定開具、使用、取得發票。

發票的管理辦法由國務院規定。

第二十二條　增值稅專用發票由國務院稅務主管部門指定的企業印製；其他發票，按照國務院稅務主管部門的規定，分別由省、自治區、直轄市國家稅務局、地方稅務局指定企業印製。

未經前款規定的稅務機關指定，不得印製發票。

第二十三條　國家根據稅收徵收管理的需要，積極

推廣使用稅控裝置。納稅人應當按照規定安裝、使用稅控裝置，不得損毀或者擅自改動稅控裝置。

　　第二十四條　從事生產、經營的納稅人、扣繳義務人必須按照國務院財政、稅務主管部門規定的保管期限保管帳簿、記帳憑證、完稅憑證及其他有關資料。

　　帳簿、記帳憑證、完稅憑證及其他有關資料不得偽造、變造或者擅自損毀。

第三節　納稅申報

　　第二十五條　納稅人必須依照法律、行政法規規定或者稅務機關依照法律、行政法規的規定確定的申報期限、申報內容如實辦理納稅申報，報送納稅申報表、財務會計報表以及稅務機關根據實際需要要求納稅人報送的其他納稅資料。

　　扣繳義務人必須依照法律、行政法規規定或者稅務機關依照法律、行政法規的規定確定的申報期限、申報內容如實報送代扣代繳、代收代繳稅款報告表以及稅務機關根據實際需要要求扣繳義務人報送的其他有關資料。

　　第二十六條　納稅人、扣繳義務人可以直接到稅務機關辦理納稅申報或者報送代扣代繳、代收代繳稅款報告表，也可以按照規定採取郵寄、數據電文或者其他方式辦理上述申報、報送事項。

　　第二十七條　納稅人、扣繳義務人不能按期辦理納稅申報或者報送代扣代繳、代收代繳稅款報告表的，經稅務機關核准，可以延期申報。

經核准延期辦理前款規定的申報、報送事項的，應當在納稅期內按照上期實際繳納的稅額或者稅務機關核定的稅額預繳稅款，並在核准的延期內辦理稅款結算。

第三章　稅款徵收

第二十八條　稅務機關依照法律、行政法規的規定徵收稅款，不得違反法律、行政法規的規定開徵、停徵、多徵、少徵、提前徵收、延緩徵收或者攤派稅款。

農業稅應納稅額按照法律、行政法規的規定核定。

第二十九條　除稅務機關、稅務人員以及經稅務機關依照法律、行政法規委託的單位和人員外，任何單位和個人不得進行稅款徵收活動。

第三十條　扣繳義務人依照法律、行政法規的規定履行代扣、代收稅款的義務。對法律、行政法規沒有規定負有代扣、代收稅款義務的單位和個人，稅務機關不得要求其履行代扣、代收稅款義務。

扣繳義務人依法履行代扣、代收稅款義務時，納稅人不得拒絕。納稅人拒絕的，扣繳義務人應當及時報告稅務機關處理。

稅務機關按照規定付給扣繳義務人代扣、代收手續費。

第三十一條　納稅人、扣繳義務人按照法律、行政法規規定或者稅務機關依照法律、行政法規的規定確定的期限，繳納或者解繳稅款。

納稅人因有特殊困難，不能按期繳納稅款的，經省、自治區、直轄市國家稅務局、地方稅務局批准，可以延期繳納稅款，但是最長不得超過三個月。

第三十二條　納稅人未按照規定期限繳納稅款的，扣繳義務人未按照規定期限解繳稅款的，稅務機關除責令限期繳納外，從滯納稅款之日起，按日加收滯納稅款萬分之五的滯納金。

第三十三條　納稅人可以依照法律、行政法規的規定書面申請減稅、免稅。

減稅、免稅的申請須經法律、行政法規規定的減稅、免稅審查批准機關審批。地方各級人民政府、各級人民政府主管部門、單位和個人違反法律、行政法規規定，擅自作出的減稅、免稅決定無效，稅務機關不得執行，並向上級稅務機關報告。［根據全國人大常務委員會關於修改《中華人民共和國港口法》等七部法律的決定（主席令第23號）的規定：「二、對《中華人民共和國稅收徵收管理法》做出修改，將第三十三條修改為：『納稅人依照法律、行政法規的規定辦理減稅、免稅。地方各級人民政府、各級人民政府主管部門、單位和個人違反法律、行政法規規定，擅自作出的減稅、免稅決定無效，稅務機關不得執行，並向上級稅務機關報告。』」］

第三十四條　稅務機關徵收稅款時，必須給納稅人開具完稅憑證。扣繳義務人代扣、代收稅款時，納稅人

要求扣繳義務人開具代扣、代收稅款憑證的，扣繳義務人應當開具。

第三十五條　納稅人有下列情形之一的，稅務機關有權核定其應納稅額：

（一）依照法律、行政法規的規定可以不設置帳簿的；

（二）依照法律、行政法規的規定應當設置但未設置帳簿的；

（三）擅自銷毀帳簿或者拒不提供納稅資料的；

（四）雖設置帳簿，但帳目混亂或者成本資料、收入憑證、費用憑證殘缺不全，難以查帳的；

（五）發生納稅義務，未按照規定的期限辦理納稅申報，經稅務機關責令限期申報，逾期仍不申報的；

（六）納稅人申報的計稅依據明顯偏低，又無正當理由的。

稅務機關核定應納稅額的具體程序和方法由國務院稅務主管部門規定。

第三十六條　企業或者外國企業在中國境內設立的從事生產、經營的機構、場所與其關聯企業之間的業務往來，應當按照獨立企業之間的業務往來收取或者支付價款、費用；不按照獨立企業之間的業務往來收取或者支付價款、費用，而減少其應納稅的收入或者所得額的，稅務機關有權進行合理調整。

第三十七條　對未按照規定辦理稅務登記的從事生產、經營的納稅人以及臨時從事經營的納稅人，由稅務機關核定其應納稅額，責令繳納；不繳納的，稅務機關可以扣押其價值相當於應納稅款的商品、貨物。扣押後繳納應納稅款的，稅務機關必須立即解除扣押，並歸還所扣押的商品、貨物；扣押後仍不繳納應納稅款的，經縣以上稅務局（分局）局長批准，依法拍賣或者變賣所扣押的商品、貨物，以拍賣或者變賣所得抵繳稅款。

第三十八條　稅務機關有根據認為從事生產、經營的納稅人有逃避納稅義務行為的，可以在規定的納稅期之前，責令限期繳納應納稅款；在限期內發現納稅人有明顯的轉移、隱匿其應納稅的商品、貨物以及其他財產或者應納稅的收入的跡象的，稅務機關可以責成納稅人提供納稅擔保。如果納稅人不能提供納稅擔保，經縣以上稅務局（分局）局長批准，稅務機關可以採取下列稅收保全措施：

（一）書面通知納稅人開戶銀行或者其他金融機構凍結納稅人的金額相當於應納稅款的存款；

（二）扣押、查封納稅人的價值相當於應納稅款的商品、貨物或者其他財產。

納稅人在前款規定的限期內繳納稅款的，稅務機關必須立即解除稅收保全措施；限期期滿仍未繳納稅款的，經縣以上稅務局（分局）局長批准，稅務機關可以書面

通知納稅人開戶銀行或者其他金融機構從其凍結的存款中扣繳稅款，或者依法拍賣或者變賣所扣押、查封的商品、貨物或者其他財產，以拍賣或者變賣所得抵繳稅款。

個人及其所扶養家屬維持生活必需的住房和用品，不在稅收保全措施的範圍之內。

第三十九條　納稅人在限期內已繳納稅款，稅務機關未立即解除稅收保全措施，使納稅人的合法利益遭受損失的，稅務機關應當承擔賠償責任。

第四十條　從事生產、經營的納稅人、扣繳義務人未按照規定的期限繳納或者解繳稅款，納稅擔保人未按照規定的期限繳納所擔保的稅款，由稅務機關責令限期繳納，逾期仍未繳納的，經縣以上稅務局（分局）局長批准，稅務機關可以採取下列強制執行措施：

（一）書面通知其開戶銀行或者其他金融機構從其存款中扣繳稅款；

（二）扣押、查封、依法拍賣或者變賣其價值相當於應納稅款的商品、貨物或者其他財產，以拍賣或者變賣所得抵繳稅款。

稅務機關採取強制執行措施時，對前款所列納稅人、扣繳義務人、納稅擔保人未繳納的滯納金同時強制執行。

個人及其所扶養家屬維持生活必需的住房和用品，不在強制執行措施的範圍之內。

第四十一條　本法第三十七條、第三十八條、第四

十條規定的採取稅收保全措施、強制執行措施的權力，不得由法定的稅務機關以外的單位和個人行使。

　　第四十二條　稅務機關採取稅收保全措施和強制執行措施必須依照法定權限和法定程序，不得查封、扣押納稅人個人及其所扶養家屬維持生活必需的住房和用品。

　　第四十三條　稅務機關濫用職權違法採取稅收保全措施、強制執行措施，或者採取稅收保全措施、強制執行措施不當，使納稅人、扣繳義務人或者納稅擔保人的合法權益遭受損失的，應當依法承擔賠償責任。

　　第四十四條　欠繳稅款的納稅人或者他的法定代表人需要出境的，應當在出境前向稅務機關結清應納稅款、滯納金或者提供擔保。未結清稅款、滯納金，又不提供擔保的，稅務機關可以通知出境管理機關阻止其出境。

　　第四十五條　稅務機關徵收稅款，稅收優先於無擔保債權，法律另有規定的除外；納稅人欠繳的稅款發生在納稅人以其財產設定抵押、質押或者納稅人的財產被留置之前的，稅收應當先於抵押權、質權、留置權執行。

　　納稅人欠繳稅款，同時又被行政機關決定處以罰款、沒收違法所得的，稅收優先於罰款、沒收違法所得。

　　稅務機關應當對納稅人欠繳稅款的情況定期予以公告。

　　第四十六條　納稅人有欠稅情形而以其財產設定抵押、質押的，應當向抵押權人、質權人說明其欠稅情況。

抵押權人、質權人可以請求稅務機關提供有關的欠稅情況。

第四十七條　稅務機關扣押商品、貨物或者其他財產時，必須開付收據；查封商品、貨物或者其他財產時，必須開付清單。

第四十八條　納稅人有合併、分立情形的，應當向稅務機關報告，並依法繳清稅款。納稅人合併時未繳清稅款的，應當由合併後的納稅人繼續履行未履行的納稅義務；納稅人分立時未繳清稅款的，分立後的納稅人對未履行的納稅義務應當承擔連帶責任。

第四十九條　欠繳稅款數額較大的納稅人在處分其不動產或者大額資產之前，應當向稅務機關報告。

第五十條　欠繳稅款的納稅人因怠於行使到期債權，或者放棄到期債權，或者無償轉讓財產，或者以明顯不合理的低價轉讓財產而受讓人知道該情形，對國家稅收造成損害的，稅務機關可以依照合同法第七十三條、第七十四條的規定行使代位權、撤銷權。

稅務機關依照前款規定行使代位權、撤銷權的，不免除欠繳稅款的納稅人尚未履行的納稅義務和應承擔的法律責任。

第五十一條　納稅人超過應納稅額繳納的稅款，稅務機關發現後應當立即退還；納稅人自結算繳納稅款之日起三年內發現的，可以向稅務機關要求退還多繳的稅

款並加算銀行同期存款利息，稅務機關及時查實後應當立即退還；涉及從國庫中退庫的，依照法律、行政法規有關國庫管理的規定退還。

第五十二條　因稅務機關的責任，致使納稅人、扣繳義務人未繳或者少繳稅款的，稅務機關在三年內可以要求納稅人、扣繳義務人補繳稅款，但是不得加收滯納金。

因納稅人、扣繳義務人計算錯誤等失誤，未繳或者少繳稅款的，稅務機關在三年內可以追徵稅款、滯納金；有特殊情況的，追徵期可以延長到五年。

對偷稅、抗稅、騙稅的，稅務機關追徵其未繳或者少繳的稅款、滯納金或者所騙取的稅款，不受前款規定期限的限制。

第五十三條　國家稅務局和地方稅務局應當按照國家規定的稅收徵收管理範圍和稅款入庫預算級次，將徵收的稅款繳入國庫。

對審計機關、財政機關依法查出的稅收違法行為，稅務機關應當根據有關機關的決定、意見書，依法將應收的稅款、滯納金按照稅款入庫預算級次繳入國庫，並將結果及時回復有關機關。

第四章　稅務檢查

第五十四條　稅務機關有權進行下列稅務檢查：

（一）檢查納稅人的帳簿、記帳憑證、報表和有關資料，檢查扣繳義務人代扣代繳、代收代繳稅款帳簿、記帳憑證和有關資料；

（二）到納稅人的生產、經營場所和貨物存放地檢查納稅人應納稅的商品、貨物或者其他財產，檢查扣繳義務人與代扣代繳、代收代繳稅款有關的經營情況；

（三）責成納稅人、扣繳義務人提供與納稅或者代扣代繳、代收代繳稅款有關的文件、證明材料和有關資料；

（四）詢問納稅人、扣繳義務人與納稅或者代扣代繳、代收代繳稅款有關的問題和情況；

（五）到車站、碼頭、機場、郵政企業及其分支機構檢查納稅人托運、郵寄應納稅商品、貨物或者其他財產的有關單據、憑證和有關資料；

（六）經縣以上稅務局（分局）局長批准，憑全國統一格式的檢查存款帳戶許可證明，查詢從事生產、經營的納稅人、扣繳義務人在銀行或者其他金融機構的存款帳戶。稅務機關在調查稅收違法案件時，經設區的市、自治州以上稅務局（分局）局長批准，可以查詢案件涉嫌人員的儲蓄存款。稅務機關查詢所獲得的資料，不得用於稅收以外的用途。

第五十五條　稅務機關對從事生產、經營的納稅人以前納稅期的納稅情況依法進行稅務檢查時，發現納稅人有逃避納稅義務行為，並有明顯的轉移、隱匿其應納

稅的商品、貨物以及其他財產或者應納稅的收入的跡象的，可以按照本法規定的批准權限採取稅收保全措施或者強制執行措施。

第五十六條　納稅人、扣繳義務人必須接受稅務機關依法進行的稅務檢查，如實反應情況，提供有關資料，不得拒絕、隱瞞。

第五十七條　稅務機關依法進行稅務檢查時，有權向有關單位和個人調查納稅人、扣繳義務人和其他當事人與納稅或者代扣代繳、代收代繳稅款有關的情況，有關單位和個人有義務向稅務機關如實提供有關資料及證明材料。

第五十八條　稅務機關調查稅務違法案件時，對與案件有關的情況和資料，可以記錄、錄音、錄像、照相和複製。

第五十九條　稅務機關派出的人員進行稅務檢查時，應當出示稅務檢查證和稅務檢查通知書，並有責任為被檢查人保守秘密；未出示稅務檢查證和稅務檢查通知書的，被檢查人有權拒絕檢查。

第五章　法律責任

第六十條　納稅人有下列行為之一的，由稅務機關責令限期改正，可以處二千元以下的罰款；情節嚴重的，處二千元以上一萬元以下的罰款：

（一）未按照規定的期限申報辦理稅務登記、變更或者註銷登記的；

（二）未按照規定設置、保管帳簿或者保管記帳憑證和有關資料的；

（三）未按照規定將財務、會計制度或者財務、會計處理辦法和會計核算軟件報送稅務機關備查的；

（四）未按照規定將其全部銀行帳號向稅務機關報告的；

（五）未按照規定安裝、使用稅控裝置，或者損毀或者擅自改動稅控裝置的。

納稅人不辦理稅務登記的，由稅務機關責令限期改正；逾期不改正的，經稅務機關提請，由工商行政管理機關吊銷其營業執照。

納稅人未按照規定使用稅務登記證件，或者轉借、塗改、損毀、買賣、偽造稅務登記證件的，處二千元以上一萬元以下的罰款；情節嚴重的，處一萬元以上五萬元以下的罰款。

第六十一條 扣繳義務人未按照規定設置、保管代扣代繳、代收代繳稅款帳簿或者保管代扣代繳、代收代繳稅款記帳憑證及有關資料的，由稅務機關責令限期改正，可以處二千元以下的罰款；情節嚴重的，處二千元以上五千元以下的罰款。

第六十二條 納稅人未按照規定的期限辦理納稅申

報和報送納稅資料的，或者扣繳義務人未按照規定的期限向稅務機關報送代扣代繳、代收代繳稅款報告表和有關資料的，由稅務機關責令限期改正，可以處二千元以下的罰款；情節嚴重的，可以處二千元以上一萬元以下的罰款。

第六十三條　納稅人偽造、變造、隱匿、擅自銷毀帳簿、記帳憑證，或者在帳簿上多列支出或者不列、少列收入，或者經稅務機關通知申報而拒不申報或者進行虛假的納稅申報，不繳或者少繳應納稅款的，是偷稅。對納稅人偷稅的，由稅務機關追繳其不繳或者少繳的稅款、滯納金，並處不繳或者少繳的稅款百分之五十以上五倍以下的罰款；構成犯罪的，依法追究刑事責任。

扣繳義務人採取前款所列手段，不繳或者少繳已扣、已收稅款，由稅務機關追繳其不繳或者少繳的稅款、滯納金，並處不繳或者少繳的稅款百分之五十以上五倍以下的罰款；構成犯罪的，依法追究刑事責任。

第六十四條　納稅人、扣繳義務人編造虛假計稅依據的，由稅務機關責令限期改正，並處五萬元以下的罰款。

納稅人不進行納稅申報，不繳或者少繳應納稅款的，由稅務機關追繳其不繳或者少繳的稅款、滯納金，並處不繳或者少繳的稅款百分之五十以上五倍以下的罰款。

第六十五條　納稅人欠繳應納稅款，採取轉移或者

隱匿財產的手段，妨礙稅務機關追繳欠繳的稅款的，由稅務機關追繳欠繳的稅款、滯納金，並處欠繳稅款百分之五十以上五倍以下的罰款；構成犯罪的，依法追究刑事責任。

第六十六條　以假報出口或者其他欺騙手段，騙取國家出口退稅款，由稅務機關追繳其騙取的退稅款，並處騙取稅款一倍以上五倍以下的罰款；構成犯罪的，依法追究刑事責任。

對騙取國家出口退稅款的，稅務機關可以在規定期間內停止為其辦理出口退稅。

第六十七條　以暴力、威脅方法拒不繳納稅款的，是抗稅，除由稅務機關追繳其拒繳的稅款、滯納金外，依法追究刑事責任。情節輕微，未構成犯罪的，由稅務機關追繳其拒繳的稅款、滯納金，並處拒繳稅款一倍以上五倍以下的罰款。

第六十八條　納稅人、扣繳義務人在規定期限內不繳或者少繳應納或者應解繳的稅款，經稅務機關責令限期繳納，逾期仍未繳納的，稅務機關除依照本法第四十條的規定採取強制執行措施追繳其不繳或者少繳的稅款外，可以處不繳或者少繳的稅款百分之五十以上五倍以下的罰款。

第六十九條　扣繳義務人應扣未扣、應收而不收稅款的，由稅務機關向納稅人追繳稅款，對扣繳義務人處

應扣未扣、應收未收稅款百分之五十以上三倍以下的罰款。

第七十條 納稅人、扣繳義務人逃避、拒絕或者以其他方式阻撓稅務機關檢查的，由稅務機關責令改正，可以處一萬元以下的罰款；情節嚴重的，處一萬元以上五萬元以下的罰款。

第七十一條 違反本法第二十二條規定，非法印製發票的，由稅務機關銷毀非法印製的發票，沒收違法所得和作案工具，並處一萬元以上五萬元以下的罰款；構成犯罪的，依法追究刑事責任。

第七十二條 從事生產、經營的納稅人、扣繳義務人有本法規定的稅收違法行為，拒不接受稅務機關處理的，稅務機關可以收繳其發票或者停止向其發售發票。

第七十三條 納稅人、扣繳義務人的開戶銀行或者其他金融機構拒絕接受稅務機關依法檢查納稅人、扣繳義務人存款帳戶，或者拒絕執行稅務機關作出的凍結存款或者扣繳稅款的決定，或者在接到稅務機關的書面通知後幫助納稅人、扣繳義務人轉移存款，造成稅款流失的，由稅務機關處十萬元以上五十萬元以下的罰款，對直接負責的主管人員和其他直接責任人員處一千元以上一萬元以下的罰款。

第七十四條 本法規定的行政處罰，罰款額在二千元以下的，可以由稅務所決定。

第七十五條　稅務機關和司法機關的涉稅罰沒收入，應當按照稅款入庫預算級次上繳國庫。

第七十六條　稅務機關違反規定擅自改變稅收徵收管理範圍和稅款入庫預算級次的，責令限期改正，對直接負責的主管人員和其他直接責任人員依法給予降級或者撤職的行政處分。

第七十七條　納稅人、扣繳義務人有本法第六十三條、第六十五條、第六十六條、第六十七條、第七十一條規定的行為涉嫌犯罪的，稅務機關應當依法移交司法機關追究刑事責任。

稅務人員徇私舞弊，對依法應當移交司法機關追究刑事責任的不移交，情節嚴重的，依法追究刑事責任。

第七十八條　未經稅務機關依法委託徵收稅款的，責令退還收取的財物，依法給予行政處分或者行政處罰；致使他人合法權益受到損失的，依法承擔賠償責任；構成犯罪的，依法追究刑事責任。

第七十九條　稅務機關、稅務人員查封、扣押納稅人個人及其所扶養家屬維持生活必需的住房和用品的，責令退還，依法給予行政處分；構成犯罪的，依法追究刑事責任。

第八十條　稅務人員與納稅人、扣繳義務人勾結，唆使或者協助納稅人、扣繳義務人有本法第六十三條、第六十五條、第六十六條規定的行為，構成犯罪的，依

法追究刑事責任；尚不構成犯罪的，依法給予行政處分。

第八十一條　稅務人員利用職務上的便利，收受或者索取納稅人、扣繳義務人財物或者謀取其他不正當利益，構成犯罪的，依法追究刑事責任；尚不構成犯罪的，依法給予行政處分。

第八十二條　稅務人員徇私舞弊或者玩忽職守，不徵或者少徵應徵稅款，致使國家稅收遭受重大損失，構成犯罪的，依法追究刑事責任；尚不構成犯罪的，依法給予行政處分。

稅務人員濫用職權，故意刁難納稅人、扣繳義務人的，調離稅收工作崗位，並依法給予行政處分。

稅務人員對控告、檢舉稅收違法違紀行為的納稅人、扣繳義務人以及其他檢舉人進行打擊報復的，依法給予行政處分；構成犯罪的，依法追究刑事責任。

稅務人員違反法律、行政法規的規定，故意高估或者低估農業稅計稅產量，致使多徵或者少徵稅款，侵犯農民合法權益或者損害國家利益，構成犯罪的，依法追究刑事責任；尚不構成犯罪的，依法給予行政處分。

第八十三條　違反法律、行政法規的規定提前徵收、延緩徵收或者攤派稅款的，由其上級機關或者行政監察機關責令改正，對直接負責的主管人員和其他直接責任人員依法給予行政處分。

第八十四條　違反法律、行政法規的規定，擅自作

出稅收的開徵、停徵或者減稅、免稅、退稅、補稅以及其他同稅收法律、行政法規相抵觸的決定的，除依照本法規定撤銷其擅自作出的決定外，補徵應徵未徵稅款，退還不應徵收而徵收的稅款，並由上級機關追究直接負責的主管人員和其他直接責任人員的行政責任；構成犯罪的，依法追究刑事責任。

第八十五條　稅務人員在徵收稅款或者查處稅收違法案件時，未按照本法規定進行迴避的，對直接負責的主管人員和其他直接責任人員，依法給予行政處分。

第八十六條　違反稅收法律、行政法規應當給予行政處罰的行為，在五年內未被發現的，不再給予行政處罰。

第八十七條　未按照本法規定為納稅人、扣繳義務人、檢舉人保密的，對直接負責的主管人員和其他直接責任人員，由所在單位或者有關單位依法給予行政處分。

第八十八條　納稅人、扣繳義務人、納稅擔保人同稅務機關在納稅上發生爭議時，必須先依照稅務機關的納稅決定繳納或者解繳稅款及滯納金或者提供相應的擔保，然後可以依法申請行政復議；對行政復議決定不服的，可以依法向人民法院起訴。

當事人對稅務機關的處罰決定、強制執行措施或者稅收保全措施不服的，可以依法申請行政復議，也可以依法向人民法院起訴。

315

當事人對稅務機關的處罰決定逾期不申請行政復議也不向人民法院起訴、又不履行的，作出處罰決定的稅務機關可以採取本法第四十條規定的強制執行措施，或者申請人民法院強制執行。

第六章　附則

第八十九條　納稅人、扣繳義務人可以委託稅務代理人代為辦理稅務事宜。

第九十條　耕地占用稅、契稅、農業稅、牧業稅徵收管理的具體辦法，由國務院另行制定。

關稅及海關代徵稅收的徵收管理，依照法律、行政法規的有關規定執行。

第九十一條　中華人民共和國同外國締結的有關稅收的條約、協定同本法有不同規定的，依照條約、協定的規定辦理。

第九十二條　本法施行前頒布的稅收法律與本法有不同規定的，適用本法規定。

第九十三條　國務院根據本法制定實施細則。

第九十四條　本法自 2001 年 5 月 1 日起施行。

財政部　稅務總局
關於繼續有效的個人所得稅優惠政策目錄的公告

財政部 稅務總局公告 2018 年第 177 號

為貫徹落實修改後的《中華人民共和國個人所得稅法》，現將繼續有效的個人所得稅優惠政策涉及的文件目錄予以公布。

特此公告。

附：繼續有效的個人所得稅優惠政策涉及的文件目錄

財政部　稅務總局

2018 年 12 月 29 日

附件

繼續有效的個人所得稅優惠政策涉及的文件目錄

序號	制定機關	優惠政策文件名稱	文號
1	財政部	財政部關於外國來華工作人員繳納個人所得稅問題的通知	（80）財稅字第189號
2	財政部、稅務總局	財政部 國家稅務總局關於個人所得稅若干政策問題的通知	財稅字〔1994〕020號
3	財政部、稅務總局	財政部 國家稅務總局關於西藏自治區貫徹施行《中華人民共和國個人所得稅法》有關問題的批復	財稅字〔1994〕021號
4	稅務總局	國家稅務總局關於印發《徵收個人所得稅若干問題的規定》的通知	國稅發〔1994〕089號
5	稅務總局	國家稅務總局關於社會福利有獎募捐發行收入稅收問題的通知	國稅發〔1994〕127號
6	稅務總局	國家稅務總局關於曾憲梓教育基金會教師獎免徵個人所得稅的函	國稅函發〔1994〕376號
7	財政部、稅務總局	財政部 國家稅務總局關於發給見義勇為者的獎金免徵個人所得稅問題的通知	財稅字〔1995〕25號
8	稅務總局	國家稅務總局關於個人取得青苗補償費收入徵免個人所得稅的批復	國稅函發〔1995〕079號
9	財政部、稅務總局	財政部 稅務總局關於軍隊幹部工資薪金收入徵收個人所得稅的通知	財稅字〔1996〕14號

續表1

序號	制定機關	優惠政策文件名稱	文號
10	財政部、稅務總局	財政部 國家稅務總局關於西藏特殊津貼免徵個人所得稅的批復	財稅字〔1996〕91號
11	財政部、稅務總局	財政部 國家稅務總局關於國際青少年消除貧困獎免徵個人所得稅的通知	財稅字〔1997〕51號
12	稅務總局	國家稅務總局關於股份制企業轉增股本和派發紅股徵免個人所得稅的通知	國稅發〔1997〕198號
13	財政部、稅務總局	財政部 國家稅務總局關於個人取得體育彩票中獎所得徵免個人所得稅問題的通知	財稅字〔1998〕12號
14	財政部、稅務總局	財政部 國家稅務總局關於證券投資基金稅收問題的通知	財稅字〔1998〕55號
15	財政部、稅務總局	財政部 國家稅務總局關於個人轉讓股票所得繼續暫免徵收個人所得稅的通知	財稅字〔1998〕61號
16	稅務總局	國家稅務總局關於原城市信用社在轉制為城市合作銀行過程中個人股增值所得應納個人所得稅的批復	國稅函〔1998〕289號
17	稅務總局	國家稅務總局關於「長江學者獎勵計劃」有關個人收入免徵個人所得稅的通知	國稅函〔1998〕632號
18	財政部、稅務總局	財政部 國家稅務總局關於促進科技成果轉化有關稅收政策的通知	財稅字〔1999〕45號
19	稅務總局	國家稅務總局關於個人所得稅有關政策問題的通知	國稅發〔1999〕58號

續表2

序號	制定機關	優惠政策文件名稱	文號
20	稅務總局	國家稅務總局關於促進科技成果轉化有關個人所得稅問題的通知	國稅發〔1999〕125號
21	財政部、稅務總局	財政部 國家稅務總局關於住房公積金 醫療保險金 基本養老保險金 失業保險基金個人帳戶存款利息所得免徵個人所得稅的通知	財稅字〔1999〕267號
22	稅務總局	國家稅務總局關於「特聘教授獎金」免徵個人所得稅的通知	國稅函〔1999〕525號
23	稅務總局	國家稅務總局關於企業改組改制過程中個人取得的量化資產徵收個人所得稅問題的通知	國稅發〔2000〕60號
24	財政部、稅務總局	財政部 國家稅務總局關於隨軍家屬就業有關稅收政策的通知	財稅〔2000〕84號
25	財政部、稅務總局	財政部 國家稅務總局關於調整住房租賃市場稅收政策的通知	財稅〔2000〕125號
26	稅務總局	國家稅務總局關於律師事務所從業人員取得收入徵收個人所得稅有關業務問題的通知	國稅發〔2000〕149號
27	稅務總局	國家稅務總局關於「長江小小科學家」獎金免徵個人所得稅的通知	國稅函〔2000〕688號
28	稅務總局	國家稅務總局關於《關於個人獨資企業和合夥企業投資者徵收個人所得稅的規定》執行口徑的通知	國稅函〔2001〕84號

續表3

序號	制定機關	優惠政策文件名稱	文號
29	財政部、稅務總局	財政部 國家稅務總局關於個人與用人單位解除勞動關係取得的一次性補償收入徵免個人所得稅問題的通知	財稅〔2001〕157號
30	財政部、稅務總局	財政部 國家稅務總局關於開放式證券投資基金有關稅收問題的通知	財稅〔2002〕128號
31	財政部、稅務總局	財政部 國家稅務總局關於自主擇業的軍隊轉業幹部有關稅收政策問題的通知	財稅〔2003〕26號
32	稅務總局	國家稅務總局關於個人取得「母親河（波司登）獎」獎金所得免徵個人所得稅問題的批復	國稅函〔2003〕961號
33	財政部、稅務總局	財政部 國家稅務總局關於外籍個人取得港澳地區住房等補貼徵免個人所得稅的通知	財稅〔2004〕29號
34	財政部、稅務總局	財政部 國家稅務總局關於農村稅費改革試點地區有關個人所得稅問題的通知	財稅〔2004〕30號
35	財政部、稅務總局	財政部 國家稅務總局關於教育稅收政策的通知	財稅〔2004〕39號
36	稅務總局	國家稅務總局關於國際組織駐華機構 外國政府駐華使領館和駐華新聞機構雇員個人所得稅徵收方式的通知	國稅函〔2004〕808號
37	財政部、稅務總局	財政部 國家稅務總局關於城鎮房屋拆遷有關稅收政策的通知	財稅〔2005〕45號

續表4

序號	制定機關	優惠政策文件名稱	文號
38	財政部、稅務總局	財政部 國家稅務總局關於股權分置試點改革有關稅收政策問題的通知	財稅〔2005〕103號
39	財政部、稅務總局	財政部 國家稅務總局關於基本養老保險費基本醫療保險費失業保險費住房公積金有關個人所得稅政策的通知	財稅〔2006〕10號
40	稅務總局	國家稅務總局關於陳嘉庚科學獎獲獎個人取得的獎金收入免徵個人所得稅的通知	國稅函〔2006〕561號
41	財政部、稅務總局	財政部 國家稅務總局關於單位低價向職工售房有關個人所得稅問題的通知	財稅〔2007〕13號
42	財政部、稅務總局	財政部 國家稅務總局關於個人取得有獎發票獎金徵免個人所得稅問題的通知	財稅〔2007〕34號
43	財政部、稅務總局	財政部 國家稅務總局關於《建立亞洲開發銀行協定》有關個人所得稅問題的補充通知	財稅〔2007〕93號
44	財政部、稅務總局	財政部 國家稅務總局關於高級專家延長離休退休期間取得工資薪金所得有關個人所得稅問題的通知	財稅〔2008〕7號
45	財政部、稅務總局	財政部 國家稅務總局關於生育津貼和生育醫療費有關個人所得稅政策的通知	財稅〔2008〕8號
46	財政部、稅務總局	財政部 國家稅務總局關於廉租住房經濟適用住房和住房租賃有關稅收政策的通知	財稅〔2008〕24號

續表5

序號	制定機關	優惠政策文件名稱	文號
47	財政部、稅務總局	財政部 國家稅務總局關於認真落實抗震救災及災後重建稅收政策問題的通知	財稅〔2008〕62號
48	財政部、稅務總局	財政部 國家稅務總局關於儲蓄存款利息所得有關個人所得稅政策的通知	財稅〔2008〕132號
49	財政部、稅務總局	財政部 國家稅務總局關於證券市場個人投資者證券交易結算資金利息所得有關個人所得稅政策的通知	財稅〔2008〕140號
50	財政部、稅務總局	財政部 國家稅務總局關於個人無償受贈房屋有關個人所得稅問題的通知	財稅〔2009〕78號
51	稅務總局	國家稅務總局關於明確個人所得稅若干政策執行問題的通知	國稅發〔2009〕121號
52	稅務總局	國家稅務總局關於劉東生青年科學家獎和劉東生地球科學獎學金獲獎者獎金免徵個人所得稅的通知	國稅函〔2010〕74號
53	稅務總局	國家稅務總局關於全國職工職業技能大賽獎金免徵個人所得稅的通知	國稅函〔2010〕78號
54	財政部、稅務總局	財政部 國家稅務總局關於個人獨資企業和合夥企業投資者取得種植業 養殖業 飼養業 捕撈業所得有關個人所得稅問題的批復	財稅〔2010〕96號
55	稅務總局	國家稅務總局關於中華寶鋼環境優秀獎獎金免徵個人所得稅問題的通知	國稅函〔2010〕130號

續表6

序號	制定機關	優惠政策文件名稱	文號
56	財政部、稅務總局	財政部 國家稅務總局關於企業促銷展業贈送禮品有關個人所得稅問題的通知	財稅〔2011〕50號
57	稅務總局	國家稅務總局關於2011年度李四光地質科學獎獎金免徵個人所得稅的公告	國家稅務總局公告2011年第68號
58	財政部、稅務總局	財政部 國家稅務總局關於退役士兵退役金和經濟補助免徵個人所得稅問題的通知	財稅〔2011〕109號
59	稅務總局	國家稅務總局關於第五屆黃汲清青年地質科學技術獎獎金免徵個人所得稅問題的公告	國家稅務總局公告2012年第4號
60	稅務總局	國家稅務總局關於「明天小小科學家」獎金免徵個人所得稅問題的公告	國家稅務總局公告2012年第28號
61	財政部、稅務總局	財政部 國家稅務總局關於工傷職工取得的工傷保險待遇有關個人所得稅政策的通知	財稅〔2012〕40號
62	財政部、稅務總局	財政部 國家稅務總局關於地方政府債券利息免徵所得稅問題的通知	財稅〔2013〕5號
63	財政部、稅務總局	財政部 國家稅務總局關於棚戶區改造有關稅收政策的通知	財稅〔2013〕101號
64	財政部、人力資源社會保障部、稅務總局	財政部 人力資源社會保障部 國家稅務總局關於企業年金職業年金個人所得稅有關問題的通知	財稅〔2013〕103號

續表7

序號	制定機關	優惠政策文件名稱	文號
65	財政部、稅務總局	財政部 國家稅務總局關於廣東橫琴新區個人所得稅優惠政策的通知	財稅〔2014〕23號
66	財政部、稅務總局	財政部 國家稅務總局關於福建平潭綜合實驗區個人所得稅優惠政策的通知	財稅〔2014〕24號
67	財政部、稅務總局	財政部 國家稅務總局關於深圳前海深港現代服務業合作區個人所得稅優惠政策的通知	財稅〔2014〕25號
68	財政部、稅務總局、證監會	財政部 國家稅務總局 證監會關於滬港股票市場交易互聯互通機制試點有關稅收政策的通知	財稅〔2014〕81號
69	財政部、海關總署、稅務總局	財政部 海關總署 國家稅務總局關於支持魯甸地震災後恢復重建有關稅收政策問題的通知	財稅〔2015〕27號
70	財政部、稅務總局	財政部 國家稅務總局關於個人非貨幣性資產投資有關個人所得稅政策的通知	財稅〔2015〕41號
71	財政部、稅務總局、證監會	財政部 國家稅務總局 證監會關於上市公司股息紅利差別化個人所得稅政策有關問題的通知	財稅〔2015〕101號
72	財政部、稅務總局	財政部 國家稅務總局關於將國家自主創新示範區有關稅收試點政策推廣到全國範圍實施的通知	財稅〔2015〕116號
73	財政部、稅務總局、證監會	財政部 國家稅務總局 證監會關於內地與香港基金互認有關稅收政策的通知	財稅〔2015〕125號
74	財政部、稅務總局	財政部 國家稅務總局關於行政和解金有關稅收政策問題的通知	財稅〔2016〕100號

續表8

序號	制定機關	優惠政策文件名稱	文號
75	財政部、稅務總局	財政部 國家稅務總局關於完善股權激勵和技術入股有關所得稅政策的通知	財稅〔2016〕101號
76	財政部、稅務總局、證監會	財政部 國家稅務總局 證監會關於深港股票市場交易互聯互通機制試點有關稅收政策的通知	財稅〔2016〕127號
77	財政部、稅務總局、民政部	財政部 稅務總局 民政部關於繼續實施扶持自主就業退役士兵創業就業有關稅收政策的通知	財稅〔2017〕46號
78	財政部、稅務總局、人力資源社會保障部	財政部 稅務總局 人力資源社會保障部關於繼續實施支持和促進重點群體創業就業有關稅收政策的通知	財稅〔2017〕49號
79	財政部、稅務總局、海關總署	財政部 稅務總局 海關總署關於北京2022年冬奧會和冬殘奧會稅收政策的通知	財稅〔2017〕60號
80	財政部、稅務總局、證監會	財政部 稅務總局 證監會關於滬港股票市場交易互聯互通機制試點有關稅收政策的通知	財稅〔2017〕78號
81	財政部、稅務總局、證監會	財政部 稅務總局 證監會關於支持原油等貨物期貨市場對外開放稅收政策的通知	財稅〔2018〕21號
82	財政部、稅務總局、人力資源社會保障部、中國銀行保險監督管理委員會、證監會	財政部 稅務總局 人力資源社會保障部 中國銀行保險監督管理委員會 證監會關於開展個人稅收遞延型商業養老保險試點的通知	財稅〔2018〕22號

續表9

序號	制定機關	優惠政策文件名稱	文號
83	財政部、稅務總局	財政部 稅務總局關於創業投資企業和天使投資個人有關稅收政策的通知	財稅〔2018〕55號
84	財政部、稅務總局、科技部	財政部 稅務總局 科技部關於科技人員取得職務科技成果轉化現金獎勵有關個人所得稅政策的通知	財稅〔2018〕58號
85	財政部、稅務總局	財政部 稅務總局關於易地扶貧搬遷稅收優惠政策的通知	財稅〔2018〕135號
86	財政部、稅務總局、證監會	財政部 稅務總局 證監會關於個人轉讓全國中小企業股份轉讓系統掛牌公司股票有關個人所得稅政策的通知	財稅〔2018〕137號
87	財政部、稅務總局、證監會	財政部 稅務總局 證監會關於繼續執行內地與香港基金互認有關個人所得稅政策的通知	財稅〔2018〕154號
88	財政部、稅務總局	財政部 稅務總局關於個人所得稅法修改後有關優惠政策銜接問題的通知	財稅〔2018〕164號

註：上述文件中個人所得稅優惠政策繼續有效，已廢止或者失效的部分條款除外。

國家圖書館出版品預行編目（CIP）資料

中國個人所得稅新法實用手冊 / 楊柳 編著. -- 第一版.
-- 臺北市：財經錢線文化，2019.10
　　面；　公分
POD版

ISBN 978-957-680-381-9(平裝)

1.個人所得稅 2.所得稅法規 3.中國

567.92　　　　　　　　　　　　　　　　　　108016726

書　　名：中國個人所得稅新法實用手冊
作　　者：楊柳 編著
發 行 人：黃振庭
出 版 者：財經錢線文化事業有限公司
發 行 者：財經錢線文化事業有限公司
E - m a i l：sonbookservice@gmail.com
粉 絲 頁：　　　　　網　址：
地　　址：台北市中正區重慶南路一段六十一號八樓 815 室
8F.-815, No.61, Sec. 1, Chongqing S. Rd., Zhongzheng Dist., Taipei City 100, Taiwan (R.O.C.)
電　　話：(02)2370-3310　傳　真：(02) 2388-1990
總 經 銷：紅螞蟻圖書有限公司
地　　址：台北市內湖區舊宗路二段 121 巷 19 號
電　　話:02-2795-3656 傳真:02-2795-4100　　網址：
印　　刷：京峯彩色印刷有限公司（京峰數位）

　　本書版權為西南財經出版社所有授權崧博出版事業股份有限公司獨家發行電子書及繁體書繁體字版。若有其他相關權利及授權需求請與本公司聯繫。

定　　價：480元
發行日期：2019 年 10 月第一版
◎ 本書以 POD 印製發行